監修： （財）全日本空手道連盟 公認範士8段 元一級資格審査員
芦屋大学 客員教授、全日本実業団空手道連盟 副会長
ウィーンさくら武道科学大学院・名誉学長　　　　　　　　山田治義

著者： （財）全日本空手道連盟 公認教士7段、日体協上級コーチ
芦屋大学 臨床教育学部教育学科 専任講師
ウィーンさくら武道科学大学院・准教授　　　　　　　　　大下正孝

C'mon Japan!

空手道英会話　　カモン ジャパン!

空手英語を
マスターして
世界を目指せ！

CHAMP

『空手道英会話 カモン・ジャパン！』
発刊に寄せて

財団法人　全日本空手道連盟
専務理事　栗原茂夫

　日本で発祥し、世界へ伝えられたもので、「空手」ほど多くの人々の関心を得たものは他に類をみないのではないでしょうか。「KARATE」そのものが世界の共通語といえるかもしれません。

　１９７０年には世界空手道連盟（WKF：World Karate Federation）の前身である世界空手道連合が、「第１回世界空手道選手権大会」を日本武道館で開催いたしました。その後、二年に一度、「世界空手道選手権大会」が世界各地で開催されています。１９９３年にはWKFと改称し、２００８年には、「第１９回世界空手道選手権大会」として再び日本武道館で世界大会が開催されたことが記憶に新しいところです。WKFはIOCにも承認され、現在、１７８カ国の加盟を数え、世界の空手道人口は５千万人とも言われています。

　この他、WKF公認の国際大会として日本人になじみが深いものとしては、「世界ジュニア＆カデット空手道選手権大会」「アジア空手道選手権大会」「アジアジュニア＆カデット空手道選手権大会」この他４年に一度開催の「ワールドゲームズ空手道選手権大会」等があり、その他世界では多くの大会があります。

　このように「空手道」は世界に広く普及しています。そして、海外での大会や会議に参加して感じるのは、英語の必要性です。自国の言葉に大きなプライドを持っているフランス人でさえも会議や運営となると英語を使わざるを得ないという状況です。どこの国へ行っても会議は、やはり英語で行われるのです。英語に弱い国、例えば南米や中東、特に日本にとっては大きな障壁となっているといえます。

　日本では中学から英語を勉強し、長い間学習しているにも拘らず、ほとんどの人は流暢に会話が出来るまでには至っていません。大会に関する会議や空手道の指導を行うときには通訳を介して行うことが多いのですが、自分の気持を正確に伝えることはとても難しいと思います。ニュアンスがやや違ったものになってしまうことはやむを得ません。

　世界各地から空手道の日本人指導者を求める声があり、多くの人が日本から世界各地に赴いています。現在活躍しているこれらの指導者のみならず、これから日本の空手道界を背負っていく若い世代の皆さんは、空手道の技術、精神性や武道哲学、また武道におけるマナー等、自分の英語力で説明、教授できる力を持つ指導者に育って欲しいと望んでいます。それこそが空手道の本当の意味での普及であると考えるからです。

　空手道を学ぶ者は、空手道の練習のみならず、世界で活躍することを考慮し、しっかりとした英語力を身につけて欲しいと思います。

　このような意味で、大下先生の著した本書は空手道を学ぶ人にとって、事例も適切で、大変有効な空手道英会話の学習書として完成していると思います。皆さんが本書を活用し、世界に羽ばたかれんことを期待いたします。

『空手道英会話　カモン・ジャパン！』
発刊を祝す

芦屋学園理事長　髙橋征主

芦屋大学附属幼稚園
芦屋学園中学校
芦屋学園高等学校
芦屋女子短期大学
芦屋大学
芦屋大学大学院

　英語を理解し会話することは、勉強と努力を繰り返せば可能になるでしょう。また相手の言っていることに対し、何にでも "Yes" と言って話を進めるのも難しいことではありません。しかし、海外の人達を相手に対等に意見を述べ合い、"Yes" と答える必要のある時には "Yes" と答え、"No" と言わなければならない時にははっきりと "No" と言う。また異なった良い考えがある時には堂々と意見を述べ、自分の望むべき方向へ話を導いていくという能力こそが、現在最も求められていることではないでしょうか。

　「外交に弱い日本人」という点が国際政治等においてよく問題にされますが、日本の代表として意見を明確に述べることができず、また "No" と言うべき時に毅然とした態度で "No" と言うことができないなどといった点から、そのように揶揄されるのではないでしょうか。

　「一歩下がって師の影を踏まず」などの諺があるように、日本人は控え目に自分というものを前には出さず、時には自分の意見を押し殺す、といった考えが美徳とされる風土の中で育ってまいりました。しかし諸外国の人々と渡り合う場合、日本人が美徳とする控えめな考えや行動は、かえって物事の道筋を見失わせ、間違った方向に向かってしまう危険性があります。外国には、自分たちの意見をためらうことなく述べ、ディベートすることを得意とする人達が多くいます。そのような人々と互角に議論を戦わせ、協力して物事を作り上げるためには、しっかりとした自分の考えを持ち、それを言葉にして的確に伝達することが重要です。また世界で戦っていくには、逞しい身体と強い精神力が求められます。空手道を志している皆さんは、すでに身体と精神力を鍛えておられる方々です。日本人として、そして国際人として、逞しい身体と強い精神力にプラスして、戦える英語力を身に付けることはこれからの空手道界、及び日本武道界にとって重要課題だと思います。

　この度、「空手道英会話　カモン・ジャパン！」が発刊されますことを、心よりお祝い致します。この本を通じて、使える英語を身に付けた空手道家が益々世界各地で活躍されますことを切に願っています。

はじめに

　2008 年 7 月、第 6 回世界大学空手道選手権大会がポーランドで行われた。仕事の都合で同行できなかった私は、せめてものお手伝いとして、渡航者メンバーの連絡、大会出場選手登録、料金の支払いに関して、宿泊所の手配、宿泊所から大会会場への交通機関、それらの段取りをポーランドと私との間で、約 30 回という英文メールのやり取りで行った。

　その前年の 2007 年 3 月、前哨戦がポーランドで行われた時は、大会段取りや通訳として、木島明彦氏（近畿大学監督）率いる全日本学生代表選手団に同行した。これらすべてが可能になったのは「英語」と「空手道」というこの 2 つの技術があったからに他ならない。　その前哨戦の数日前にはドイツのフランクフルト、大会後にはチェコ、スロバキア、ハンガリーと廻ったが、どの国でも外国人同士が会話するのはすべて英語だった。

　2004 年にはハワイ、2005 年と 2007 年にはフランス、2006 年はイラン、2008 年にはスリランカ、2009 年 11 月にはドイツへ行き空手道指導を行った。「フランスでは英語は通用しない、だから英語が出来ても意味がない」などと言う声を聞いたことがある。しかし決してそうではなく、フランスの若者は英語の必要性を強く感じ、多くの人達が習得しようと勉強している。母国語がペルシャ語のイランでも同じで、年配者の中には英語を不必要と考えている人が多くいるが、若者の間では英語を必要と考える者が多く、英会話学校が大流行している。ある中級クラスの英会話学校の授業を見学させてもらったが、生徒はみんな上手に会話し、先生もアメリカに留学経験のある流暢な英語を話す女性の先生だった。朝から夜まで授業スケジュールがびっしりで、イランでの英語の流行ぶりを垣間見ることが出来た。

　2007 年に指導で訪れたオーストリアでも、母国語はドイツ語だが、英語は学校で必須科目になっている。年齢に関係なくほとんどの人達が英語を理解し会話することができ、また出来なくてはならないということであった。

　日本にも英会話学校が多くあるが、英会話のレベルは他の国に比べるとまだまだ国際レベルに追いついていない。日本は島国で他の国の人々と接する機会が少なく、英会話のできるチャンスに恵まれないのが現状で、英語を覚えてもすぐにそれを実践できないのがなかなか身に付かない理由の一つであろう。若い時からどしどし海外に出て、英語の必要性を身体で感じ、身に付ける努力を行うことが必要だろう。

ただ、理解しておかなければならない事がある。それは、いくら英会話能力を身に付けても、内容が伴わなければ本当の意味で役に立たないということである。この日本に生まれ、この国で育った以上、日本の事を知り、それを人々に理解させることができる力が必要で、それができなければ海外の人達の期待に添えないということである。日本は西洋にはない非常に素晴らしい文化を持った国である。日本にいるとあまりそれを感じないかも知れないが、海外に出ると日本という国の文化の素晴らしさを再認識させられることが頻繁である。

　　英語の勉強をしつつ、日本についての勉強をしっかり行い、海外から求められる人物にならなくてはならない。学ぶべきことがあまりにも多過ぎ、目が回ってしまうかも知れない。しかし、それら一つひとつをしっかり身に付け、苦難を乗り越え、日本を代表して海外で活躍できるような人物になれるよう努力しなくてはならない。

著者

本書の使い方

　この本では、会話文が中心です。文法説明はほとんどしていません。文法は非常に大切なのですが、中学1年生の時から学校では文法の勉強ばかりで、英語嫌いな人を多く作ってしまっていますので、あえて文法の説明は少なくしました。まず各章に出てくる会話文をよく読み、まる覚えして下さい。空手道に携わる人たちが出会うであろう状況を考慮し、場面に応じて会話文を作成しています。これらの会話を繰り返し読み、覚えることによって、使える英会話が身に付いてきます。

　第1部はレッスンが24あり、日曜日は休日と仮定して、24日間、1ヵ月で空手英会話がマスターできるように構成してあります。第2部は応用編として、シーン（場面）が24あり、これも1ヵ月でマスターできるようになっています。特に2部では、空手道の練習に必要な空手用語をすべて載せてありますので、外国人と空手道に関して話をする時、共に練習をする時、指導を行う時、これらすべての場面で役に立つと思います。
　最近は日本国内の道場でも外国人の空手道練習生を多く見かけます。そのような時にはこの本がきっと役に立つでしょう。また、海外に行く時には、観光で行くにしても空手道で行くにしても、この本を携行して場面に応じて活用し、英会話を身に付けるよう努力して下さい。

目　次 (A table of contents)

第2部：応用編　英語講座「カモン・ジャパン！」

■基礎

■中級

■上級

Lesson 1　基礎英会話（10級：白帯レベル）

Approach①

（アプローチ）

話しかける①

　試合終了後、表彰式の終わったチャンピオンの所へ行ってアプローチ、恥ずかしがらずに勇気を持って声を掛けましょう。友達になって一緒に写真を撮れたら一生の記念になります。

Oshita : Hello. How are you doing?

　　ハロー、ハウ　アー　ユー　ドゥイング？

大下：やあ、調子はどうですか？

George : Hello. I'm fine.

　　ハロー、アイム　ファイン。

ジョージ：いいですよ。

Oshita : <u>My name is Oshita. You are George,</u> right?

　　マイ　ネーム　イズ　オオシタ。ユー　アー　ジョージ、ゥライ？

大下：私の名前は大下です。
　　　あなたはジョージですね。

George : Yes, I am.

　　イエス　アイ　アム。

ジョージ：そうです。

Oshita : You are a very good Karate player.

　　ユー　アー　ア　ベリー　グッド　カラテ　プレイヤー。

大下：あなたはとても良い空手選手です。

George : Oh. Thank you.

　　オー、センキュー。

ジョージ：ありがとう。

---

is, am, are = be 動詞を覚えましょう！

●be 動詞は、＝（イコール）の働きをします。

My name is Oshita.「私の名前は大下です」You are George.「あなたはジョージです」のように、「～は…です」という意味です。My name=Oshita, You=George になります。

●be 動詞は主語によって変化します。

単数	複数
I am a student.　私は生徒です	We are students.　私たちは生徒です
You are a teacher.　あなたは先生です	You are teachers.　あなたたちは先生です
He is a boy.　彼は男の子です	They are boys.　彼等は男の子です
She is pretty.　彼女は可愛いです	They are pretty.　彼女たちは可愛いです
It is a car.　それは車です	They are cars.　それらは車です
This is a book.　これは本です	These are books.これらは本です
That is an apple.　あれはリンゴです	Those are apples.あれらはリンゴです

These　ズィーズ　これら、　　　those　ゾーズ　あれら

●be 動詞の過去形　is、am は was に。　are は were になります。

be 動詞の疑問文と否定文

●be 動詞の疑問文は主語と be 動詞を入れ替えるだけです！

He is a student. を疑問文にすると
Is he a student?　Yes, he is./ No, he isn't.(isn't=is not)
「彼は生徒ですか？」「　はい、そうです／いいえ、違います」

●be 動詞の否定文は be 動詞の後ろに not をつけましょう！

I'm not a student.　　(I'm not=I am not)
　「私は生徒ではありません」

You aren't a teacher.　　(You aren't =You are not)
ユー　アーント　ア　ティチャー。（ユー　アーント＝ユー　アー　ノット）
He isn't a boy.　　(He isn't = He is not)
ヒー　イズント　ア　ボーイ。（ヒー　イズント＝ヒー　イズ　ノット）

Approach②

（アプローチ）

話しかける②

　チャンプのスピードの速さと、マシンのような素晴らしい動きに驚いた悟史君。表彰式もあり、多くのファンに取り囲まれていて忙しそうにしているけれど、何とか隙を見つけて話しかけ、サインをゲットしたい。でも、相手が日本人ならば「サイン下さい」で済むけれど、外国人ならそうはいきません。

Satoshi : Excuse me. Champ! You are very fast and
エクスキューズ ミー。チャンプ！ ユー アー ベリー ファースト アンド
move like a machine. I was very impressed.
ムーブ ライク ア マシーン。アイ ワズ ベリー インプレスト。
You are so good!
ユー アー ソー グッド！

悟史：すみません、チャンピオン！あなたはとても速くて、まるで機械のように動きます。私は感激しました。
あなたはとてもすごいです。

George : Oh. Thank you.
オー。センキュー。

ジョージ：おう、ありがとう。

Satoshi : <u>Could you give me your autograph, please?</u>
クッジュウ ギブ ミー ユア オータグラフ、プリーズ？

悟史：あなたのサインを頂けませんか？

George : OK!
オーケー！

ジョージ：いいですよ！

Satoshi : Thank you very much. <u>May I take a picture</u>
センキュー ベリー マッチ。メイ アイ テイク ア ピクチャー
<u>with you?</u>
ウイズ ユー？

悟史：ありがとうございました。あなたと一緒に写真を撮ってもいいですか？

George : Sure.
シュアー。

ジョージ：もちろん！

Satoshi : Thank you so much.
センキュー ソー マッチ。

悟史：ありがとうございます。

May I take a picture with you?

メイアイ テイク ア ピクチャー ウイズ ユー？

「一緒に写真を撮ってもいいですか？」

●May I ～？メイアイ「私は～していいですか？」。この「～」の所には動詞が入り、

May I sleep?	「寝てもいいですか？」
May I eat?	「食べてもいいですか？」
May I ask you a favor?	「お願いがあるのですが？」　・favor フェイバー
May I borrow your book?	「あなたの本を借りてもいいですか？」・borrow バロウ
May I change my seat?	「席を換わってもいいですか？」　・change チェンジ
May I have some more coffee?	「もっとコーヒーを頂いてもいいですか？」
May I help you?	「お手伝いできますか？」
May I use your pen?	「あなたのペンを使ってもいいですか？」

となります。

Could you ～, please？

クッジュ ～、プリーズ？

「～ して頂けませんか？」

Could you give me your autograph, please?　・give ギブ
　　「あなたのサインを頂けませんか、お願いします？」
Could you bring me a glass of water, please?　　・bring ブリング
　　「水を一杯持ってきて頂けませんか？」
Could you sign here, please?　・sign サイン
　　「ここにサインをして頂けますか？」　（事務的に著名する時）

※事務的（手紙や書類、契約書等）にサインする時は、sign を使いますが、
　スポーツ選手や有名人のサインをもらう時のサインは、autograph オータグラフを使っています。

Self-introduction ①

（セルフ イントロダクション）

自己紹介①

　英会話が出来るようになりたければ、まず外国人の友人を作り、とにかく英語で話をすること。最初のうち会話内容は何でもいいのです。とにかく思いつく事を口に出すことです。文法なんて気にしなくていいのです。気にしていたら何も言えなくなってしまいます。まず単語を並べて相手に言ってみること。世界の空手道人口は 5,000 万人です。すでにあなたには 5,000 万人の友達がいるのです。

Satoshi : Hello, my name is Satoshi.　Nice to meet you.

　　　　ハロー、 マイネーム イズ サトシ。ナイストゥ ミート ユー。

Elisa : Hi, my name is Elisa. Nice to meet you, too.

　　　　ハイ、 マイネーム イズ エリサ。ナイス トゥ ミート ユー トゥ。

Satoshi : My karate style is the Gojyu Style.

　　　　マイ カラテ スタイル イズ ザ ゴウジュウ スタイル。

　　　　How about you?

　　　　ハウ アボウト ユー？

Elisa : My karate style is the Shito Style.

　　　　マイ カラテ スタイル イズ ザ シトー スタイル。

Satoshi : How long have you been learning Karate?

　　　　ハウロング ハブ ユー ビーン ラーンニング カラテ？

Elisa :　I have been learning karate for 20 years,

　　　　アイ ハブ ビーン ラーンニング カラテ フォー トゥエンティ イヤーズ、

　　　　since I was 6 years old.

　　　　シンス アイ ワズ シックス イヤーズ オールド。

Satoshi : Wow!　That's a long time.

　　　　ワオ！ ザッツ ア ロング タイム。

　　　　I have been learning karate for only 5 years.

　　　　アイ ハブ ビーン ラーンニング カラテ フォー オンリー ファイブ イヤーズ。

悟史：やぁ、私の名前はサトシです。
　　　お会いできて良かったです。

エリサ：はい、私の名前はエリサです。
　　　　私もです。

悟史：私の空手の流派は剛柔流です。
　　　あなたの流派は何ですか？

エリサ：私の流派は糸東流です。

悟史：どれくらい空手道を習っているのですか？

エリサ：私は２０年間習っています。
　　　　６才の時からです。

悟史：わー、長いですね。私は空手道を
　　　習ってわずか５年です。

Hello & Nice to meet you.

●Hello 「ハロー」

Hello は人を呼び掛ける時に使います。「やあ」と日本語では訳していますが、電話で「ハロー」と言えば、日本語の「もしもし」にあたります。まず、ハローと呼び掛けてみましょう。

●Nice to meet you.「ナイス トゥー ミート ユー ＝ ミーチュー」

お会いできて良かったです。

How do you do? 「はじめまして」は初対面の挨拶と学校では習いましたが、初対面でもあまり How do you do? は使いません。フォーマルな場所や、イギリスの格式のある人々との対面であれば使うこともあるでしょうが、最近ではあまり聞くことはありません。初対面では、この Nice to meet you. や I'm happy to see you. が一般的です。普段使う「お元気ですか？」では How are you? が変化して How are you doing? とか How is it going? 「ハウ イズ イット ゴーイング」、How is everything going? が一般的です。How is の省略形は How's 「ハウズ」になります。

How long have you been ～ing?

ハウロング ハブ ユー ビーン

あなたは～をしてどれくらいになりますか？

質問：
How long have you been learning karate?　・learning ラーンニング
「あなたはどれくらい空手道をならっていますか」

How long have you been waiting here?　・waiting ウエイティング
「あなたはどれくらいここで待っていますか？」

答え：
I have been learning karate for 10 years.
「私は 10 年間空手道を習っています」

I have been waiting here for 2 hours.
「私はここで 2 時間待っています」

Self-introduction②
（セルフ　イントロダクション）
自己紹介②

　初対面の外国人と英会話する時、お互いの共通点がなければなかなか会話になりません。でも空手道を習っている人達とだったら、すぐに友達になれます。お互い同じ空手道で汗を流し、同じ悩みを持った者同士、いつだって、どこでだってすぐに友達になれるのです。自分の流派や経歴の事を話し合ったら、次は自分の級や段について話してみて下さい。

Satoshi : I have 2nd kyu, brown belt.

アイハブ セカンド キュウ ブラウン ベルト。

What kyu or dan do you have?

ワット キュー オア ダン ドゥ ユー ハブ？

悟史：私は2級で、茶帯です。

　　　　あなたは何級、または何段ですか？

Elisa :　I have 4 th dan (degree black belt).

アイ ハブ フォース ダン（ディグリー ブラック ベルト）

エリサ：私は4段です。

Satoshi : Where do you practice karate?

ホエアー ドゥー ユー プラクティス カラテ？

悟史：どこで空手を練習していますか？

Elisa : I practice in Hawaii.

アイ プラクティス イン ハワイ。

エリサ：私はハワイで練習しています。

Satoshi : Do you live in Hawaii?

ドゥユー リブイン ハワイ？

悟史：ハワイに住んでいるのですか？

Elisa : Yes. I live in Hawaii.

イエス。アイ リブイン ハワイ。

エリサ：はい、ハワイに住んでいます。

Satoshi : Wow!　I'd like to go to Hawaii someday.

ワオ！ アイド ライク トゥ ゴー トゥ ハワイ サムデイ。

悟史：わあ！　私もいつかハワイに行ってみたいです。

Elisa : Yes. You can come, and you can

イエス。ユー キャン カム、アンド ユー キャン

practice there anytime.

プラクティス ゼアー エニイタイム。

エリサ：ええ。いつでも来て、練習していいですよ。

Satoshi : Sounds good.　Thank you.

サウンズ グッド。センキュー。

悟史：やったー、ありがとう。

I'd like to ～.

アイド ライク トゥ ～

「～したいものだ」

I'd like to go to Hawaii someday.
　「私もいつかハワイに行ってみたいです」
I'd like to send this parcel to Japan.　　・parcel パースル 小包
　「この小包を日本に送りたいのですが」

I would like to ～ アイ ウッド ライク トゥ の省略形が I'd like to～
I want to ～ などより丁寧な言い方。会話では I'd like to ～ という形になるのが普通。

Sounds good!

サウンズ グッド！

やったー！

Sounds good! には色々な意味があり、「やったー！」や「いいですねー！」「いいじゃない！」などがあります。ただこれは相手の言った言葉に対してのみ使います。

●その他の言い方に：

Sounds great! サウンズ　グレート！
Sounds nice! サウンズ　ナイス！
Sounds beautiful! サウンズ　ビューティフル！
Sounds interesting! サウンズ　インタレスティング！
などがあり、どれも同じような意味になります。

Interesting：おもしろい、興味を引く

Introducing one's family
（イントロデューシング　ワンズ　ファミリー）
家族の紹介

　自己紹介の後は家族の紹介です。自分の家族を紹介したり、相手の家族の事を聞いたりして会話内容を増やしましょう。とにかく会話を続けることが重要です。日本人同士でも話のネタがなければ会話は続きません。会話するネタをどんどん増やして、いろんな角度から会話ができるようにしておくことです。

Satoshi : Let me tell you about my family.

レッミー テル ユー アバウト マイ ファミリー。

悟史：私の家族の紹介をさせて下さい。

There are four; my father, my mother,

ゼアラー フォー、マイ ファーザー、マイ マザー、

家族は4人で、父、母、

my brother, and me.

マイ ブラザー、アンド ミー。

兄そして私です。

My father is a high school teacher,

マイ ファーザー イズ ア ハイスクール ティーチャー、

私の父は高校の先生で、

my mother is a housewife and my brother and I

マイ マザー イズ ア ハウスワイフ アンド マイ ブラザー アンド アイ

母は専業主婦、

are university students.

アー ユニバーシティ スチュウデンツ。

兄と私は大学生です。

My father is 55 years old, my mother is 50.

マイファーザー イズ フィフティファイブ イヤーズ オールド、マイ マザー イズ フィフティー。

父は55歳、母は50歳。

My brother is 21 years old, and he is taller than I.

マイブラザーイズ トゥエンティーワン イヤーズオールド、アンドヒーイズトーラー ザン アイ。

兄は21歳で、私よりずっと背が高いです。

He is studying business administration

ヒーイズ スタディイング ビジネス アドミナストレーション

兄は会社の経営者を目指して、

to become a manager of a company.

トゥ ビカム ア マネージャー オブ ア カンパニー。

経営学を学んでいます。

I also study business.

アイ オールソー スタディ ビジネス。

私も同じく経営学を勉強しています。

Could you tell me about your family?

クッジュー テルミー アバウト ユア ファミリー？

あなたの家族について教えて下さい。

There is ～.　There are ～.

ゼアリズ ～.（単数）　ゼアラー～（複数）

「～があります」

There is a vase on the table.　　　・vase　ベース　花瓶
　「テーブルの上に花瓶が1個あります」
There are five in my family.
　「うちは5人家族です」
※この構文は〈動詞＋主語〉という形になるので、第1文型として扱われる。

●疑問文は、There と is を入れ替えるだけ。Is there ～?.　Are there ～?.

He is taller than I.

ヒー　イズ　トーラー　ザン　アイ

「彼は私より背が高い」

●比較級は物と物を比較するもので、「～は～よりも大きい」「～は～よりも小さい」などです。

◆比較級：
He is stronger than I.　「彼は私よりも強い」　　stronger　ストロンガー
◆最上級：
He is the strongest of all.　「彼はみんなの中で最も強い」
　　　　　　　　　　　　　　　　the strongest　ザ ストロンゲスト
He is the tallest in my family.　「彼は家族の中で最も背が高い」
　　　　　　　　　　　　　　　　the tallest　ザ トーレスト

Which part of Japan do you like?

（フイッチ パート オブ ジャパン ドゥ ユー ライク）

日本のどこが好きですか？

　初めて日本に来た外国人でも、まったく日本について知らないという人は少ないでしょう。初めて来た人でも何かを調べてくるか、何かに興味を持って来ているはずです。日本のどんな所に興味があるか、どこが好きか、どんな所へ行ってみたいか聞いてみましょう。

Satoshi : Is this your first time to visit Japan, Stefan?　　悟史：日本は初めて？　ステファン。
　　　イズディス ユア ファーストタイム トゥ ビジット ジャパン、ステファン？

Stefan : Yes, this is my first time in Japan.　　ステファン：はい、日本は初めてです。
　　　イエス、ディスイズ マイ ファーストタイム イン ジャパン。

Satoshi :　How about you, Daniel?　　悟史：ダニエル、あなたは？
　　　ハウアバウト ユー、ダニエル？

Daniel : This is the second time to visit Japan.　　ダニエル：私は日本は2度目です。
　　　ディスイズ ザ セカンドタイム トゥ ビジット ジャパン。

Satoshi : Oh, is that so?　Which part of Japan do　　悟史：え、そうなの？日本のどこが好き
　　　オウ、イズザット ソー？フイッチ パート オブ ジャパン ドゥー　　　ですか、ダニエル？
　　you like, Daniel?
　　　ユーライク、ダニエル？

Daniel : I like Kyoto, Nagoya, Tokyo, Hiroshima….　　ダニエル：私が好きなのは、京都、名古屋、
　　　アイライク キョウト、ナゴヤ、トーキョウ、ヒロシマ…、　　　東京、広島…。
　　I like many places in Japan!　　　私は日本の多くの場所が好き
　　　アイライク メニー ブレーシズ イン ジャパン！　　　です。

Satoshi : How about you, Stefan?　　悟史：ステファンはどうですか？
　　　ハウアバウト ユー、ステファン？

Stefan : I only know Osaka, but it is very nice place.　　ステファン：私は大阪しか知りません。
　　　アイ オンリー ノウ オーサカ、バット イット イズ ナイス ブレース。　　　でも、みんなおしゃれで
　　The people are very fashionable and there are　　　食べるものの種類がたく
　　　ザ ビープル アー ベリー ファショナブル アンド ゼアラー　　　さんあります。
　　many kinds of food to eat.
　　　メニー カインズ オブ フード トゥ イート。

How about ～?

ハウ アバウト ～?

「～はどうですか？」

●疑問詞 How の用法：「勧誘」

How about you, Daniel?　「ダニエル、あなたはどうですか？」
How about going out after work tonight?
　　　　　　　　「今夜、仕事が終わってから出かけませんか？」
　　　　　　　・going out　ゴーイング アウト「出かける」
How about a glass of wine?　「ワインを一杯いかがですか？」

Which part of Japan do you like?

フイッチ パート オブ ジャパン ドゥ ユー ライク？

「日本のどの部分があなたは好きですか？」

●Which part of ～?「～のどの部分」

Which part of this cake do you like?
　　　　　「このケーキのどの部分が好きですか？」

◆Is that so?　イズザット ソー　「そうですか？」
◆Is that so!　イズザット ソー　「そうですか！」
上二つは同じ文章ですが、？＝クエッション・マークがあるか、！＝エクスクラメイション・マークがあるかの違いです。同じ「そうですか」ですが、クエッションの場合は語尾が上がり、エクスクラメーションの場合は語尾が下がります。

●kind of ～　カインド オブ「～の種類」

What kind of food do you like?
　「どんな種類の食べ物が好きですか？」

■Lesson 7 　基礎英会話（4級：緑色帯レベル）

What kind of Japanese food do you like?
（ワット カインド オブ ジャパニーズ フード ドゥ ユー ライク）

日本のどんな食事が好きですか？

　ロボットでない限り、人はどこの国の人でも食べ物は必ず必要です。食事は必ず会話の中に出てくるし、食事の事をネタにすれば会話はいくらでも続きます。日本の食べ物は種類が多く、外国人が興味を持つ食べ物は多くあり、またどうしても食べられないものもあります。例えば「納豆」とか「梅干」とか。日本食の説明を出来るようにしておく必要もあるでしょう。

Satoshi : Daniel, do you like Japanese food?

　　　ダニエル、ドゥユーライク ジャパニーズ　フード？

悟史：ダニエル、日本食好きですか？

Daniel : Yes, I love Japanese food.

　　　イエス、アイラブ　ジャパニーズ　フード。

ダニエル：はい、大好きです。

Satoshi : What kind of Japanese food do you like?

　　　ワットカインド オブ ジャパニーズ　フード　ドゥユーライク？

悟史：どんな日本食が好きですか？

Daniel : I like sashimi, sushi, yakitori, nabe,

　　　アイライク　サシミ、スシ、ヤキトリ、ナベ、

sukiyakai …many kinds!

　　　スキヤキ… メニーカインズ！

ダニエル：刺身、寿司、焼き鳥、鍋、スキヤキ… なんでも。

Satoshi : Wow, that is surprising. You can eat everything!

　　　ワオ、ザッツ サプライズィング。ユーキャンイートエブリシング！

悟史：わー、驚きだね。あなたは何でも食べることができるのですね。

Daniel : But I do not like natto, and umeboshi.

　　　バット アイ ドント ライク ナットー、アンド ウメボシ。

I cannot eat them because they taste terrible.

　　　アイキャンノット イート ゼン ビコーズ ゼイ テイスト テリブル。

ダニエル：でも、納豆と梅干しは好きではありません。食べることができません。だって味がひどくって。

Satoshi : I know that you might not like the taste,

　　　アイノウ ザット ユー マイト ノット ライク ザ テイスト、

but they are very good for your health.

　　　バット ゼイ アー ベリー グッド フォー ユア ヘルス。

Natto is rich in vegetable protein and

　　　ナットー イズ リッチ イン ベジタブル プロテイン アンド

umeboshi can help with fatigue.

　　　ウメボシ キャン ヘルプ ウイズ ファティーグ。

悟史：あなたはその味を好きではないかもしれません。でも、それらは身体に良いのですよ。納豆には植物性タンパク質が多く含まれ、梅干しは疲れを取ります。

What kind of food do you like?

ワット　カインド　オブ　フード　ドゥ　ユー　ライク？

「あなたはどんな日本料理が好きですか？」

●What kind of ～?　ワッカインド　オブ～「どんな種類の～？」

What kind of craftsman is he?　　　・craftsman　クラフツマン
「彼はどんな職種の職人ですか？」
This is a new kind of melon.
「これは新種のメロンだ」

You might not like the taste.

ユー　マイト　ノット　ライク　ザ　テイスト

「あなたはその味が好きではないかもしれない」

●might　マイト「（ひょっとして）～かもしれない」

My son might become Prime Minister when he grows up.
「私の息子は大きくなったら総理大臣になるかもしれません」
He might be in London now.
「彼は今ロンドンにいるかもしれない」

・taste（テイスト）：「味」
・terribe（テリブル）：「ひどい」

●can help with fatigue　キャン　ヘルプ　ウイズ　ファティーグ

「疲労回復を助けることができる」

■Lesson 8 基礎英会話（3級：緑色帯レベル）

Exchange e-mail address
（エクスチェンジ イー メイル アドレス）
メールアドレスの交換

　メールはとても便利なもので、送っておけばいつか必ず相手は読んでくれます。コンピューターからでも、携帯電話からでも、いつでもどこからでも送ることも、受け取ることもできる本当に便利なものです。でも、英語でメールができれば、世界中の人とメールのやり取りができ、更に便利になります。

Satoshi : Do you have an e-mail address?

　　　　ドゥー ユー ハブ アン イーメイル アドレス？

　　　　If you have, shall we exchange addresses?

　　　　イフ ユーハブ、シャール ウイ エクスチェンジ アドレスィズ？

Betty : Yes, I have.

　　　　イエス、アイ ハブ。

Satoshi : Could you write it down for me, please?

　　　　クッジュ ライト イット ダウン フォー ミー、プリーズ？

Betty : OK!　Here it is.

　　　　オーケー！ ヒア イット イズ。

Satoshi : Thank you very much.

　　　　センキュー ベリー マッチ。

　　　　This is mine.

　　　　ディス イズ マイン。

　　　　Now, we can e-mail each other.

　　　　ナウ、ウイ キャン イーメイル イーチアザー。

Betty : That's right.

　　　　ザッツ ゥライト。

Satoshi : When do you leave Japan?

　　　　ホエン ドゥー ユー リーブ ジャパン？

Betty :　I leave Japan the day after tomorrow.

　　　　アイ リーブ ジャパン ザ デイ アフター トゥモロウ。

Satoshi : Are you free tomorrow?

　　　　アー ユー フリー トゥモロウ？

　　　　If you are, I would like to take you to Kyoto.

　　　　イフ ユー アー、アイ ウッド ライク トゥ テイク ユー トゥ キョウト。

Betty : Oh, yes please.　Thank you, I would like to go.

　　　　オウ、イエス プリーズ。センキュー、アイ ウッド ライク トゥ ゴー。

悟史：あなたはイーメイルアドレスを
　　　持っていますか？　もし持って
　　　いたら、交換しませんか？

ベティ：ええ、持っていますよ。

悟史：書いて下さいますか？

ベティ：いいですよ、これです。

悟史：ありがとうございます。
　　　私のはこれです。
　　　これで私たちはお互いに
　　　イーメイルができますね。

ベティ：その通り。

悟史：いつ日本を発つの？

ベティ：明後日、日本を発ちます。

悟史：明日は空いていますか？
　　　もし、空いていたらあなたを京
　　　都に案内したいのですが。

ベティ：お願いします。ありがとう。
　　　ぜひとも行きたいわ。

イーメイルはとても便利なものです。世界のどこからでも英語を使えば、いつでも世界中の人とメール交換できます。

Do you have an e-mail address?

ドゥユー　ハブ　アン　イーメイル　アドレス？

「あなたはイーメイル・アドレスを持っていますか？」

●Do you have〜？　「あなたは〜を持っていますか？」

Do you have a driving license?
「あなたは運転免許を持っていますか？」
Do you have a car?
「あなたは車を持っていますか？」

Now, we can e-mail each other. 　・each other　イーチ　アザー「お互いに」
「これで、私たちお互いにイーメイルできますね」

Shall we exchange e-mail addresses?
シャル　ウイ　エクスチェンジ　イーメイル　アドレスィズ。
「イーメイルアドレスを交換しませんか？」

・exchange：交換する
・exchange student：交換留学生

Where can I exchange money?
「どこで両替できますか？」

22

CERTIFICATE

The most consecutive individual
kata titles to have been won at
the World Karate Championships
is four by Atsuko Wakai (Japan)
in 1998, 2000, 2002 and 2004

GUINNESS WORLD RECORDS LTD

英語を知ることは「外国文化を理解すること」であり、ひいてはそれが、「日本文化の良さを改めて知ること」

　まだ形競技が、点数制で実施されていた時のお話です。海外での試合経験が少なかった私に、あるハプニングが生じました。自分の演武順が後方であったため、コート脇で身体を冷やさぬよう、ウォーミングアップをしながら出番を待っていました。ふとコート上の異変に気づき目をやると、そこには演武者が見当たらず、試合が一時中断されているようでした。「どうしたんだろう・・・」と思いつつ、今度は周囲に目をやると、何やら私に向かって慌てた様子で英語を話している人がいるではありませんか！　その状況を見て「私の出番なんだ！！」とすぐに悟り、急いでコートに駆け上がり、動揺が治まらないまま演武に入ることになってしまいました。その時の私は、演武者を呼び出す為のネーティブな英語での会場アナウンスを、聞き取る事が出来なかったのです。その上、親切にもそれを私に知らせようとしてくれた人の早口な英語も理解することが出来ませんでした。

　この時ほど、海外遠征における英語の必要性を感じたことはありませんでした。

　その後競技生活を離れ、空手道を通じた国際交流の機会が多い現在、少しの英語とボディーランゲージを駆使し、悪戦苦闘ながらコミュニケーションを図っています。その中で知ったことは、海外の方は日本発祥であるこの空手道を、「日本の文化」として熱心に学ばれますが、私達日本人も、学ぶべき「外国の文化」がたくさんあるということです。英語を知ることは「外国文化を理解すること」であり、ひいてはそれが、「日本文化の良さを改めて知ること」のように思います。

【PROFILE】

若井　敦子（わかい・あつこ）

1971 年 9 月 12 日生まれ。

岐阜県岐阜市出身。小学校 1 年生の時に空手道を始めた。中・高校時代から才能を発揮し、2004 年世界空手道選手権大会で史上初の 4 連覇を達成（2008 年ギネスに認定）。1998 年、2002 年アジア大会でも連覇を果たした。2005 年に引退。2006 年 10 月より約 1 年間地元岐阜の番組でメインキャスターとして活動した。2002 年に JOC スポーツ賞（優秀賞）を受賞。世界選手権 3 連覇後の 2003 年 1 月には岐阜県県民栄誉大賞を受賞。2005 年には文部科学省スポーツ功労者顕彰を受けた。得意形は「スーパー・リンペイ」

1998 年　世界選手権女子個人形優勝
2000 年　世界選手権女子個人形優勝
2002 年　世界選手権女子個人形優勝
2004 年　世界選手権女子個人形優勝
1998 年　アジア大会女子個人形優勝
2002 年　アジア大会女子個人形優勝

On the airplane
（オン　ジ　エアプレーン）
飛行機内にて①

　初めての海外遠征で飛行機に乗り込んだ拓哉君。海外に行くのも初めての拓哉君はドキドキしながら自分の席を探しています。思い切ってフライト・アテンダントに声を掛けました。英語を上達させるには、とにかく話すことと心に決めて。

Takuya : Could you tell me where seat 10-D is, please?　拓哉：10Dの席はどこか教えて下さい。
　　　　クッジュー テルミー ホエアー シート テン ディー イズ、プリーズ？

Flight attendant :　Yes, this way, please. 10-D is just here.　　FA：こちらへどうぞ。
フライト・アテンダント：イエス、ディス ウエイ、プリーズ。テン ディー イズ ジャスト ヒアー　　10Dはここです。

Takuya : Oh, thank you very much.　　　　　　　　　　拓哉：ありがとうございます。
　　　　　オー、センキュー ベリー マッチ。

Takuya : Oh, my ..., my bag won't fit in the shelf...　拓哉：大変、バッグが棚に入らないよ。
　　　　　オー、マイ、マイ バッグ ウオント フィット イン ザ シェルフ…

F.A. : Can I help you?　　　　　　　　　　　　　　　FA：手伝いましょうか？
　　　　キャナイ　ヘルプ　ユー？

Takuya：That's all right.　I can manage by myself.　拓哉：大丈夫、自分でなんとかできます。
　　　　　ザッツ オーライ。アイ キャン マネージ バイ マイセルフ。

A passenger : Excuse me, I need to get by.　　　　通行人：すみません、通して下さい。
　　　　　　　エクスキューズミー、アイ ニード トゥー ゲット バイ。

Takuya : Oh, sorry.　　　　　　　　　　　　　　　拓哉：あぁ、ごめんなさい。
　　　　　オー、ソーリー。

Takuya : Do you mind if I recline my seat?　　　　拓哉：椅子を倒してもいいですか？
　　　　　ドゥーユーマインド イフ アイ リクライン マイ シート？

Back passenger : No, go ahead.　　　　　　　　後部座席の人：いいですよ。
バック・パッセンジャー：ノー、ゴーアヘッド。

Takuya : Excuse me, could I have a blanket?　　拓哉：すみません。ブランケット頂け
　　　　　エクスキューズミー、クッドアイ ハブア ブランケット？　　　ますか。ここ少し寒いです。
　　　　　It seems a little cold here.
　　　　　イットシームズ ア リトル コールド ヒアー。

F.A. : Yes. Just a moment.　　　　　　　　　　FA：はい、しばらくお待ち下さい。
　　　　イエス、ジャスト ア モーメント。　　　　　　　　どうぞ。
　　　　Here you are.
　　　　ヒア　ユー　アー。

Takuya : Thank you.　　　　　　　　　　　　　拓哉：ありがとう。
　　　　　センキュー。

Do you mind if～？

ドンチュー　マインド　イフ ～ ？

「～してもかまいませんか？」

Do you mind if～？は、「～してもかまいませんか？」と相手に了解を取る尋ね方です。
ここでの mind は「(人が)いやだと思っている、気にする」という意味の動詞です。
間違えやすいのが yes,no の答え方！
No, I don't.が「了解です。大丈夫ですよ」Yes, I do.が「やめてください」になりますので、No と言われても、驚かないように！

　Do you mind if I smoke?　「煙草を吸ってもいいですか？」
　No, I don't.　「どうぞ(私は気にしません)」
　Yes, I do.　「いいえ、やめてください」

本文のように、Do you mind～？と聞かれて、「どうぞ」という意味を強めたい時には、No の後ろに go ahead（いいですとも）を付けましょう。

Lesson9 の重要例文！覚えましょう！

1.by myself　熟独力で、ひとりで、ひとりぼっちで

　　例文：I did my homework by myself.（私は宿題を自分でやった）

2. need to～　助～する必要がある

　　例文：I need to go there.（そこに行く必要がある）

3.get by　熟(なんとか)通り抜ける＜単に通り抜けるときは go by＞

　　例文：Can I get by?（通してくれませんか）

4.seems…　動～のようだ

　　例文：It seems like a good idea.（それはいい考えのようだ）

Lesson9 の単語

Where：どこに、どこ／this way：こちら／fit：ぴったりの／shelf 棚／recline もたれる
blanket：毛布／help：助ける／manage：何とかやり遂げる／all right：大丈夫／Excuse me
すみません／Here you are.：さぁ、どうぞ（人に物を渡す時）

On the airplane ②

（オン　ジ　エアプレーン）

飛行機内にて②

　　機内での楽しみの一つに機内サービスがあります。拓哉君が事前に渡されていたメニューを見ていると、いよいよ機内サービスの時間です。フライト・アテンダントの言うことをしっかり聞いて、きちんと答えられるよう努力しましょう。

Flight attendant : Would you like beef or chicken?　　FA：ビーフかチキン、どちらがいいですか？

フライト・アテンダント：ウッジューライク　ビーフ　オア　チキン？

Takuya : Beef, please.　　拓哉：ビーフにして下さい。

ビーフ、プリーズ。

F.A. : Would you like something to drink?　　FA：何か飲み物はいかがですか？

ウッジュ　ライク　サムシング　トゥー　ドリンク？

Takuya : What kind of soft drinks do you have?　　拓哉：ソフトドリンクは何がありますか？

ワットカインド　オブ　ソフト　ドリンクス　ドゥー　ユー　ハブ？

F.A. : We have coffee, tea, orange juice,　　FA：コーヒー、紅茶、オレンジジュース、

ウイハブ　カフィー、ティー、オレンジジュース、　　緑茶があります。

coke and green tea.

コーク　アンド　グリーンティー。

Takuya : I'll have coffee, please.　　拓哉：コーヒーをお願いします。

アイルハブ　カフィー、プリーズ。

F.A. : How about sugar and milk?　　FA：砂糖とミルクはどうしますか？

ハウアバウト　シュガー　アンド　ミルク？

Takuya : Both, please.　　拓哉：両方お願いします。

ボース、プリーズ。

Could you give me a glass of water, too?　　水も一杯頂けますか。

クッジュー　ギブミー　ア　グラス　オブ　ウォーター？

F.A. : Sure.　　FA：いいですよ。

シュアー。

Would you like～？

ウッジュウ ライク～

「～はいかがですか？」

●Would you like～？は人に「～はいかがですか」と物をすすめる時に使います。

機内サービスや、パーティなどでよく使われるフレーズですので覚えましょう。

Would you like something to drink?　と聞かれたら、簡単に

Green tea, please.　(緑茶をください)

と、欲しい物の後ろに please を付けただけでも OK です！

お代わりが欲しい時には：

Another beer, please./Can I have another beer?

アナザ　ビア プリーズ/ キャン アイ ハブ アナザ ビア?

(ビールをもう一杯ください) と頼みましょう。

変身代名詞 Something　サムシング「何か」

Something は「何か」とか「何かある物（事）」の意味の代名詞です。色々な使い方があるので、例文で見てみましょう。

There is something in what he says.　(彼の言うことには一理あるよ)

He is something in the CIA.　(彼は CIA の大物だよ)

本文中に出てきた something to drink は「何か飲むもの」という意味ですが、something の後ろに to eat を付けると「何か食べるもの」になります。

Can I get you something to eat?

(何か食べ物をおもちしましょうか？)

注意！　**Something は否定文や疑問文では anything に変身します！**

There is not <u>anything</u> in what he says. (彼の言うことには一理なんかないよ)

He isn't <u>anything</u> in the CIA. (彼は CIA の大物なんかじゃないよ)

Lesson10 の単語

beef：牛肉／or～：か、または／chicken：鶏肉／soft drink：ソフトドリンク（清涼飲料水）／What kind of：どういった種類の／I'll take～：～をください／orange juice：オレンジジュース ／green tea：緑茶／How about～？：～はいかがですか／sugar：砂糖／both：両方

On the airplane ③
（オン　ジ　エアプレーン）
飛行機内にて③

　食事も終わり、長いフライト時間の間、さぁ何をしようかと拓哉君は考えています。黙っていても飛行機は目的地まで私たちを運んでくれます。でも黙っていては英語の上達などありえません。とにかくフライト・アテンダントに話し掛けてみることです。

Takuya : Excuse me.　Will there be a movie
エクスキューズミー。ウイル　ゼアービー　ア　ムービー
on this flight?
オン　ディス　フライト？

拓哉：すみません。機内で映画を観ることができますか？

Flight attendant : Yes, we have many kinds of
イエス、ウイ　ハブ　メニー　カインド　オブ
movies,and you can enjoy them with this controller.
ムービー、アンドユーキャン　エンジョイ　ゼン　ウイズ　ディス　コントローラー。

FA：はい、多くの種類の映画があります。このコントローラーで映画を楽しむことが出来ます。

Takuya : How do you use this thing?
ハウ　ドゥー　ユー　ユーズ　ディス　シング？

拓哉：どうやってこれを使うのですか？

F.A. : It's not difficult to use.
イッツ　ノット　デフィカルト　トゥー　ユーズ。
I'll show you.
アイル　ショー　ユー。

FA：難しくはありません。説明しましょう。

Takuya : May I have something to read?
メイ　アイ　ハブ　サムシング　トゥーリード？
Do you have any Japanese newspapers?
ドゥー　ユー　ハブ　エニー　ジャパニーズ　ニュースペーパー？

拓哉：何か読むものはありますか？
日本の新聞ありますか？

F.A. : Yes, here you are.
イエス、ヒア　ユー　アー。

FA：はい、どうぞ。

Takuya : What time do we arrive?
ワット　タイム　ドゥー　ウイ　アライブ？

拓哉：何時に到着しますか？

F.A. : We will arrive at 10:00a.m.
ウイ　ウイル　アライブ　アット　テン　エイ　エム
local time.
ローカル　タイム。

FA：現地時間で午前10時に到着します。

Takuya : Are we on schedule?
アー　ウイ　オン　スケジュール？

拓哉：予定通りですか？

F.A. : Yes, we are on schedule.
イエス、ウイ　アー　オン　スケジュール。

FA：はい、予定通りです。

Takuya : Thank you.
センキュー。

拓哉：ありがとうございました。

未来を表す助動詞　will ウイル

　英語の時制には「過去」「現在」「未来」があります。その中で will は未来を表す助動詞です。未来には、自分の意志とは関係なく起こる「単純未来」と自分の意志で決定する「意思未来」とがあります。Will はどちらにも、動詞の前につけて使います。

「単純未来」の例を見てみましょう。

Tomorrow will be a busy day.（明日は忙しくなるでしょう）

　　「〜だろう、〜するでしょう」の意味になります。

では「意思未来」はどうでしょうか。

He will go there.（彼はそこに行くつもりです）

I will not go. (私は行くつもりはありません)

Will you go? (あなたは行くつもりなの？)

　　Yes, I will./No, I won't.(はい、いくつもりです。／行くつもりはありません。)

意思未来は「〜するつもりだ、〜しよう」と個人の意思を表します。

※何か気付きませんか？　will の後ろの動詞は、主語に関係なく全て原形を使います。
**　Will 以外の助動詞にも共通することなので、覚えておきましょう！**

変身代名詞 something が変身しないとき＆助動詞の may

●May I have something to 〜?　何か〜するものをいただけますか？

　何かが欲しくて、人に依頼すると時に使う表現です。ここで何か思い出しませんか？
「Something って、疑問文では anything に変身するんじゃなかったっけ？」
ここが要注意ポイントです！たぶん yes と答えることが予測されたり、相手が yes と答えやすくする場合、疑問文でも something のままです。

　May I have something to read?（何か読むものをいただけますか？）

　Is there something I can do for you?(何か私にできることがありましたらどうぞ)

　・・・・・・・・・・・・・・・・・・・・・・・・

May は〜してもいいですか？という意味の助動詞です。電車などで席が空いているとき、May I?　メイアイ？　（よろしいですか）　便利な一言なので覚えておきましょう！

Lesson11 の単語

Movie：映画／flight：飛行／kind of 種類の／enjoy：楽しむ／controller：コントローラー／Use：使う／thing：もの／show：見せる、示す／newspaper：新聞／what time〜？：何時に〜？／local time：現地時間／on schedule：予定通りに

■Lesson 12　中級英会話（2段：黒帯レベル）

At Immigration
（アット　イミグレーション）
入国管理局にて

さぁ、長いフライトを終えてやっと現地に到着です。でも、実際に入国するためには、税関で入国審査を受けなければいけません。黙ったままでも通り過ぎることは可能です。でも、とにかく勇気を持って話し掛けてみましょう。

Immigration officer : <u>May I see your passport,</u>
イミグレーション・オフィサー：メイ　アイ　シー　ユア　パスポート
　　　　　　　　　please?
　　　　　　　　　ブリーズ？

入国管理人：パスポートをお願いします。

Takuya : Here you are.
　　　　　ヒア　ユー　アー。

拓哉：どうぞ。

I.Officer : What's the purpose of your visit?
　　　　　ワッツ　ザ　パーパス　オブ　ユア　ビジット？

入国管理人：入国の目的は何ですか？

Takuya : I'm here to <u>take part in</u> a karate
　　　　　アイム　ヒア　トゥ　テイク　パート　イン　ア　カラテ
　　　　　tournament and also for <u>sightseeing.</u>
　　　　　トーナメント　アンド　オールソー　フォー　サイトシーイング。

拓哉：空手の試合に参加することと、
　　　観光です。

I.Officer : <u>How long are you going to stay in this country?</u>
　　　　　ハウ　ロング　アー　ユー　ゴーイング　トゥ　ステイ　イン　ディス　カントリー？

入国管理人：この国にどのくらい
　　　滞在しますか？

Takuya : I'm going to stay for just one week.
　　　　　アイム　ゴーイング　トゥ　ステイ　フォー　ジャスト　ワン　ウイーク。

拓哉：1週間だけ滞在します。

I.Officer : Where are you going to stay?
　　　　　ホエアー　アー　ユー　ゴーイング　トゥ　ステイ？

入国管理人：どこに滞在しますか？

Takuya : At The Ritz-Carlton hotel.
　　　　　アット　ザ　リッツ　カールトン　ホテル。

拓哉：リッツ・カールトン　ホテルです。

I.Officer : Do you have <u>a return ticket?</u>
　　　　　ドゥー　ユー　ハブ　ア　リターン　チケット？

入国管理人：帰りのチケットはお持ちですか。

Takuya : Yes, here you are.
　　　　　イエス、ヒア　ユー　アー。

拓哉：はい、これです。

I.Officer : What is your <u>occupation?</u>
　　　　　ワット　イズ　ユア　オキュペーション？

入国管理人：あなたのお仕事は何ですか？

Takuya : I'm a student.
　　　　　アイム　ア　スチューデント。

拓哉：私は学生です。

I.Officer : Enjoy your stay.
　　　　　エンジョイ　ユア　ステイ。

入国管理人：滞在を楽しんで下さい。

Takuya : Thank you.
　　　　　センキュー。

拓哉：ありがとう。

もの程度を聞くHow〜？「どれほど、どれくらい」

How long are you going to stay in this country?

ハウ ロング アー ユー ゴーイング トゥ ステイ イン ディス カントリー？

「<u>どのくらい</u>この国に滞在しますか？」

◆How old is John? ジョンは<u>何才ですか</u>？

ハウ オールド イズ ジョン？

◆How long is that Bridge? あの橋は<u>どれくらいの長さ</u>ですか？

ハウ ロング イズ ザット ブリッヂ？

◆How far is Paris? パリまで<u>どのくらいの距離</u>ですか？

ハウ ファー イズ パリス？

未来を表す　be going to〜「〜するつもりです」

◆I'm **going to** stay here for one week. 「私は1週間滞在するつもりです」

アイム ゴーイング トゥ ステイ ヒア フォー ワン ウィーク。

will と be going to の違いは？　　will も未来を表す言い方でしたね。

will は「今こうしようと思っている」という今の意思を表す時に使います。

be going to は「すでに決めていたこと、決まっていること」を表す時に使います。

◆ （電話が鳴りました）Okay, I **will** answer it. 「いいよ、私が出ます」

オーケィ、アイ ウィル アンサー イット。

◆She is **going to** have a baby in July.

シー イズ ゴーイング トゥ ハヴ ア ベイビィ イン ジュライ。

「彼女は6月に赤ちゃんが生まれます」

重要熟語！　◆Could you <u>take part in</u> the Karate Tournament?

クッジュー テイク パート イン ザ カラテ トーナメント？

「空手の試合に参加してくれませんか？」（take part in 参加する）

Lesson12 の単語

Sightseeing（サイトスィーング）：観光／return ticket（リターンチケット）：帰りのチケット

At the airport①
（アット　ジィ　エアーポート）
空港にて①

　空港に到着し、飛行機を降りたら荷物を受け取りに行きます。拓哉君は荷物が出てくるのを待っていますが、なかなか出てきません。荷物がなくなってしまったのではと、拓哉君はだんだん不安になってきました。

(At baggage reclaim) アット　バッゲイジ　リクレイム　　　　　（手荷物引渡し所）

Takuya : Excuse me.　My baggage hasn't come out yet.　拓哉：すみません。私のスーツケース
　　　　エクスキューズミー。　マイ　バッゲージ　ハズント　カム　アウト　イェット。　　がまだ出て来ないのです。

Ground crew : Do you have your claim tag?　　　　従業員：スーツケースの荷札を持って
　　　　　ドゥー　ユー　ハブ　ユア　クレイム　タッグ？　　　　　いますか？

Takuya : Yes, I do.　Here it is.　　　　　　拓哉：はい、持っています。これです。
　　　　イエス、アイ　ドゥー。ヒア　イット　イズ。

Could you have a <u>look for</u> my baggage now?　　　　探してくれますか？
クッジュー　ハブ　ア　ルック　フォー　マイ　バッゲージ　ナウ？

Ground crew : OK, wait here, please.　I will check for you.　従業員：いいですよ、ここで待って
　　　　オーケー、ウエイト　ヒアー、プリーズ。アイ　ウイル　チェック　フォー　ユー。　　いて下さい。探してきます。

(After getting his baggage back, Takuya looks for the money exchange.)　（バッグが戻って、拓哉は両替所を
アフター　ゲッティング　ヒズ　バッグ　バック、タクヤ　ルック　フォー　ザ　マネー　イクスチェンジ。　探します）

Takuya : Excuse me.　<u>Where is the money exchange?</u>　拓哉：すみません。両替所はどこ
　　　　エクスキューズミー。ホエアー　イズ　ザ　マネー　イクスチェンジ？　　にありますか？

Ground crew : <u>Go this way and turn to the left at the</u>　従業員：ここを行って2つ目の角を
　　　　ゴー　ディス　ウエイ　アンド　ターン　トゥー　ザ　レフト　アット　ザ　　左へ曲がって下さい。

<u>second corner</u>, you will find it on the right.　　　右側にあります。
セカンド　コーナー、ユー　ウイル　ファインド　イット　オン　ザ　ゥライト。

Takuya : Thank you very much.　　　　　　　拓哉：ありがとうございます。
　　　　センキュー　ベリー　マッチ。

(At the exchange) アット　ザ　イクスチェンジ　　　　　　　（両替所にて）

Takuya : I'd like to change some money, please.　拓哉：いくらか両替したいのですが。
　　　　アイド　ライク　トゥ　チェンジ　サム　マネー、プリーズ。

A crew : What would you like?　　　　　　従業員：どのようにしたいですか？
　　　　ワット　ウッジュウ　ライク？

Takuya : I'd like to buy 200 dollars with Japanese yen.　拓哉：日本円を200ドルに換えて
　　　　アイド　ライク　トゥ　バイ　トゥハンドレッド　ダラーズ　ウイズ　ジャパニーズ　イエン。　欲しいのです。20ドルを

5 twenties, 8 tens and <u>the rest in singles</u>, please.　　5枚、10ドルを8枚、残りは、
ファイブ　トゥエンティズ、エイト　テンズ　アンド　ザ　レスト　イン　シングルス、プリーズ。　1ドル札でお願いします。

33

Where is ～?

ホエアー イズ ～?

「～はどこですか？」

◆Where is the money exchange?　両替所はどこですか？

◆Where is my seat?　私の席はどこですか？

◆Where are we now?　ここはどこですか？

◆Where are you from?　ご出身はどこですか？

◆Where are you going?　どこへ行くのですか？

Go this way ～.

ゴー ディス ウエイ ～.

「この道を行って～」

◆Go this way straight and turn to the right at the second corner.

ゴー ディス ウエイ ストレイト アンド ターン トゥ ザ ゥライト アット ザ セカンド コーナー。
「この道をまっすぐ行って、二つ目の角を右に曲がって下さい」

◆Go this way for about 10 minutes and you will find it.

ゴー ディス ウエイ フォー　アバウト テン ミニッツ アンド ユー ウイル ファインド イット。
「この道を約 10 分行って下さい。そうすればあなたはそれを見つけるでしょう」

Lesson13 の単語

look for ～（ルック フォー）：～を探す／turn to the right（ターン トゥ ザ ライト）：右に曲がる／at the second corner（アット ザ セカンド コーナー）：二つ目の角で／the rest（ザ レスト）：残り／in singles（イン シングルス）：1 ドル札で

At the airport②
（アット　ジィ　エアーポート）
空港にて②

　　入国審査も無事終わり、いよいよ目的地に向けて出発です。拓哉君はどうやってホテルに行こうかと悩んでいます。タクシー乗り場はどこだ…？

Takuya : Excuse me, is there a taxi stand nearby?
エクスキューズミー、イズゼアー ア タクシー スタンド ニアーバイ？

拓哉：すみません、タクシー乗り場は
　　　近くにありますか？

Ground crew : Yes, go straight this way and take the first
イエス、ゴー ストレイト ディス ウエイ アンド テイク ザ ファースト
turning to the right and you'll see it.
ターニング トゥー ザ ゥライト アンド ユール シー イット。

従業員：はい、この道をまっすぐに
　　　行って最初を右に曲がって
　　　下さい。そうすれば
　　　見えるでしょう。

Taxi driver : Where to?
ホエアー トゥ？

タクシー運転手：どこへ行きますか？

Takuya : The Ritz-Carlton hotel, please.
ザ リッツ・カールトン ホテル、プリーズ。

拓哉：リッツ・カールトン　ホテルへ
　　　行って下さい。

Takuya : Do you mind if I open a window?
ドゥーユー マインド イフ オープン ア ウインドウ？

拓哉：窓を開けてもいいですか？

T.driver : No, go ahead.
ノー、ゴーアヘッド。

タクシー運転手：ええ、どうぞ。

Takuya : <u>It's getting hotter</u> recently, isn't it?
イッツ ゲティング ホッター リーセントリー、イズントイット？
It'll soon be summer.
イトゥル スーン ビー サマー。

拓哉：暑くなってきましたね！
　　　もうすぐ夏ですね。

T.driver : Yeah, that's right.
ヤー、ザッツ ゥライト。

タクシー運転手：はい、そうですね。

Takuya : Could you recommend
クッジュー レコメンド
a nice restaurant near here?
ア ナイス レストラント ニアー ヒアー？

拓哉：この近くでどこか良いレストラン
　　　を教えて下さい。

T.driver : What kind of food do you feel like eating?
ワッカインド オブ フード ドゥー ユー フィール ライク イーティング？

タクシー運転手：どんなものが食べたい
　　　です か。

Takuya : <u>Nothing in particular.</u>
ナッシング イン パーティキュラー。
<u>**What do you recommend?**</u>
ワット ドゥユー レコメンド？

拓哉：特にこれというものはないのですが、
　　　何かお勧めはありますか？

T.driver : Well, if you like steak, I know
ウェル、イフ ユー ライク ステイク、アイ ノウ
a very famous steakhouse near your hotel.
ア ベリー フェイマス ステイク ハウス ニアー ユア ホテル。

タクシー運転手：そうですね、もしステーキが良けれ
　　　ばあなたの滞在するホテルの近くに
　　　とても有名なステーキ・ハウスを
　　　知っています。

Takuya : Sounds good!　Will you tell me
サウンズグッド！ ウイルユー テルミー
the name of the restaurant?
ザ ネイム オブ ザ レストラント？

拓哉：いいですね！そのレストランの名前
　　　を教えて下さい。

It's getting ～
イッツ ゲティング ～
「 ～になりつつあります」

◆It's getting hotter day by day.　イッツ ゲティング ホッター デイ バイ デイ

　　「日に日に暑くなりますね」　　　　　day by day 「日に日に」

◆It's getting cooler and cooler. イッツ ゲティング クーラー アンド クーラー

　　「ますます寒くなりましたね」

◆Its' getting late.　イッツ ゲティング レイト

　　「(時間が) 遅くなってきましたね」

Nothing in particular.
ナッシング イン パーティキュラー
「特にこれといったものはありません」

◆I have nothing particular to do now.　「今、特にすることはありません」

アイ ハブ ナッシング パティキュラー トゥ ドゥ ナウ

◆I did it for no particular reason.「これという特別な理由もなく、それをしました」

アイ ディド イット フォー ノー パーティキュラー リーズン

What do you recommend?
ワット ドゥ ユー レコメンド？
「お勧めは何ですか？」

◆He recommended the girl for the job.

　　「彼はその女性をその仕事に適任だと推薦した」

◆Can you recommend a good hotel around here?

　　「この辺によいホテルはありますか？」

Lesson 15　中級英会話（5段：黒帯レベル）

Check-in at the hotel

（チェック　イン　アット　ザ　ホテル）
ホテルでチェックイン

　　ホテルに到着した拓哉君はフロントでチェック・イン。部屋の鍵を受け取って、明日の朝食の場所
の確認をしました。わくわくしながらこのホテルでの3日間の生活の始まりです。

Takuya : I'd like to check-in, please.
　　　　アイド ライク トゥ チェック イン、プリーズ。

Front Desk : OK.　Do you have a reservation?
　　　　オーケー、ドゥー ユー ハブ ア リザベーション？

Takuya : Yes, I do.
　　　　イエス、アイ ドゥー。

F.D. : May I have your name, sir?
　　　　メイ アイ ハブ ユア ネイム、サー？

Takuya : Sure, I'm Takuya Sato.
　　　　シュア、アイム タクヤ サトウ。

F.D. : You have a reservation for 3 nights, Mr.Sato.
　　　　ユー ハブ ア リザベーション フォー スリー ナイツ、ミスター サトウ。
　　　Would you fill out this registration card, please?
　　　　ウッジュ フィル アウト ディス レジストレーション カード、プリーズ？

Takuya :　Here you go.
　　　　ヒア ユー ゴー。

F.D. : Thank you.　Here is your key, and you'll be
　　　　センキュー。　　ヒア イズ ユア キー、アンド ユールビー
　　　in room 707. Do you need help with your baggage?
　　　　イン ザ セブンオーセブン。ドゥーユーニード ヘルプ ウイズ ユア バッゲージ？

Takuya : No, that's all right.
　　　　ノー、ザッツ オーライ。

F.D. : There is an elevator on your left. When you get off,
　　　　ゼアイズ アン エレベーター オン ユア レフト。ホエン ユー ゲット オフ、
　　　go to your right, and room 707 will be on your left.
　　　　ゴー トゥー ユア ライト、アンド ルーム セブンオーセブン ウイル ビー オンユアレフト。
　　　Enjoy your stay.
　　　　エンジョイ ユア ステイ。

Takuya : Thank you. Oh, what time is breakfast?
　　　　センキュー。　　オー、ワッタイム イズ ブレイクファースト？

F.D. : Breakfast time is from 6:30 to 9:00.
　　　　ブレイクファースト タイム イズ フロム シックス サーティー トゥ ナイン。

Takuya : Where do I go for breakfast?
　　　　ホエアー ドゥー アイ ゴー フォー ブレイクファースト？

F.D. : Breakfast is served in our restaurant on the 1st floor.
　　　　ブレイクファースト イズ サーブド イン アワ レストラン オン ザ ファースト フロア。
　　　It's next to the elevator.
　　　　イッツ ネクスト トゥ ジ エレベーター。

Takuya : I see. Thank you.
　　　　アイシー、センキュー。

拓哉：チェックインお願いします。

FD：はい、予約していますか？

拓哉：はい、しています。

FD：お名前をお願いします。

拓哉：はい、佐藤拓哉です。

FD：佐藤様、3日間の滞在予定ですね。
　　この登録カードにご記入下さい。

拓哉：どうぞ。

FD：ありがとうございます。
　　こちらが鍵で、部屋は707号室です。
　　スーツケースを運びましょうか？

拓哉：いいえ、結構です。

FD：右にエレベーターがあります。
　　降りて右に曲がったら、707号室
　　が左手にあります。ごゆっくり。

拓哉：ありがとう。ああ、朝食は
　　何時ですか？

FD：朝食時間は6時半から9時です。

拓哉：場所はどこですか？

FD：朝食は1階のレストランです。
　　エレベーターのとなりです。

拓哉：わかりました、ありがとう。

Here you go.

ヒア ユー ゴー

「はい、どうぞ」

人に物を渡すときに使います。

◆Here it is. ヒア イット イズ

「はい、どうぞ」

◆Here you are. ヒア ユー アー

「はい、どうぞ」

いろいろな使い方がありますが、単に Here. 「どうぞ」と言うこともあります。

◆Here we go! ヒア ウイ ゴー

「さあ、行くぞ、いいですか」

◆Here we go now. Say "cheese".

「さあ、撮りますよ、はい "チーズ"」

What time is breakfast?

ワッタイム イズ ブレイクファースト？

「朝食は何時ですか？」

◆What time does the practice start?　　The practice starts at seven p.m.

「練習は何時に始まりますか？」　　　　「練習は午後 7 時に始まります」

◆What time is check-out?　　　It's ten a.m.

「チェックアウトは何時ですか？」「午前 10 時です」

■Lesson 16　中級英会話（5段：黒帯レベル）

Request at the hotel

（リクエスト　アット　ザ　ホテル）

ホテルで要求

　フロントでの手続きも終わり、自分の部屋に落ち着いた拓哉。フロントにルームサービスを頼むことにしました。ここのホテルのビーフサンドイッチはおいしくて有名だそうです。ぜひともルームサービスで頼みたいと考えています。

Takuya : <u>Do you have room service?</u>
　　　　　ドゥー　ユーハブ　ルーム　サービス？

拓哉：ルームサービスしていますか？

Front Desk : <u>Yes, we do.</u>
　　　　　イエス、ウイ　ドゥー。

FD：はい、しています。

Takuya : <u>Could I</u> have a beef sandwich and a coke?
　　　　　クッド アイ ハブ ア ビーフ サンドイッチ アンド ア コーク？

拓哉：ビーフサンドイッチとコーラをお願いします。

F.D. : Certainly.
　　　　サーテンリィ。

FD：承りました。

Takuya : Please charge it to my room.
　　　　　プリーズ チャージ イット トゥ マイ ルーム。

拓哉：料金は部屋に付けておいて下さい。

F.D. : Yes, sir.
　　　　イエス、サー。

FD：はい、承知しました。

Takuya : Do you have laundry service?
　　　　　ドゥー　ユー ハブ ランドリー サービス？

拓哉：ランドリーのサービスをしていますか？

F.D. : Yes, of course.
　　　　イエス、オブコース。

FD：はい、もちろんです。

Takuya : <u>I have some clothes that need to be cleaned.</u>
　　　　　アイ ハブ サム クローズ ザット ニード トゥ ビー クリーンド
When will they be ready?　I need them tomorrow.
　　　　ホエン ウイル ゼイ ビー レディ？ アイ ニード ゼム トゥモロウ。

拓哉：洗濯したいものがあります。いつできますか？明日には必要なのですが。

F.D. : They will be ready by tomorrow morning.
　　　　ゼイ ウイル ビー レディ バイ トゥモロウ モーニング。
We will bring them to your room.
　　　　ウイ ウイル ブリング ゼム トゥ ユア ルーム。

FD：明日の朝には仕上がります。あなた様のお部屋にお届けします。

Takuya : Thank you.
　　　　　センキュー

拓哉：ありがとう。

(three days later)　スリー デイズ レイター

（3日後）

F.D. : Good morning.　Can I help you?
　　　　グッド モーニング、キャナイ ヘルプ ユー？

FD：おはようございます。何かご用ですか？

Takuya : Yes, I'd like to check-out.　Room 707.
　　　　　イエス、アイドライク トゥ チェック アウト。ルーム セブンオーセブン。

拓哉：はい、チェックアウトして下さい。部屋は707号室です。

Do you have room service?

ドゥ ユー ハブ ルーム サービス？

「ルームサービスありますか？」

疑問文の Do you 〜？　「〜ありますか？」「あなたは〜を持っていますか？」
you の前に Do を付けると、疑問文になります。

You have a camera.　ユー ハブ ア キャメラ。　「あなたはカメラを持っている」
　　　　　　　↓
Do you have a camera?　ドゥ ユー ハブ ア キャメラ？
　　　　　　　　　　　　　　　　　「あなたはカメラを持っていますか」
Yes, I do.　「はい、持っています」　　No, I don't　「いいえ、持っていません」
　　　　　　　　　　　　　　　　　　　No, I do not. の省略形

Could I have a beef sandwich?

クッド アイ ハブ ア ビーフ サンドイッチ？

「ビーフ サンドイッチをお願いします」

●Could I 〜? は「〜してもよいでしょうか？」という意味で、許可を求める丁寧な言い方。

◆Could I sit here?　クッド アイ シット ヒア？　「ここに座ってもいいですか？」

　答えには、Certainly サーテンリ。「もちろんです」や、Yes, you can. を使う。
　Yes, you could. は不可。許可を与える場合や、断る場合には could は使いません。

◆Could I see you again?　クッド アイ シー ユー アゲイン？　勧誘を表す

　「またお目にかかれますか？」
　Oh, yes.　I promise.　オー イエス、アイ プロミス。「いいですよ。お約束します」

I have some clothes that need to be cleaned.

that need to be cleaned ＝ that 以下の「きれいにされる必要のある」（受動態）
が、 clothes を修飾していて、「私はきれいにされる必要のある服を持っています」
　　　　　　　　　　　　　　　　↓
　　　　　「洗濯したいものがあります」となります。

世界が舞台

世界大会2連覇：荒賀知子

空手道がきっかけで英語の勉強ができるって素敵なことですね！

　空手道の大会や指導でいろいろな国に行き、多くの人達に出会いました。空手道をしている人たちはみんな友好的で、すぐに友達になれます。でもやはり問題は英語でしょうか。もっと会話ができればもっと楽しいのにと考えてしまいます。私たちには空手道があるのですから、空手道を通してもっと英語ができるようになればこれほど素晴らしいことは他にないと思います。私はこれからも空手道の練習と指導を続け、海外でも大いに活躍したいと考えています。やはり必要なのは英語ですね。みなさんも空手道の練習と英語の勉強の両方を頑張って下さい。私も頑張ります。

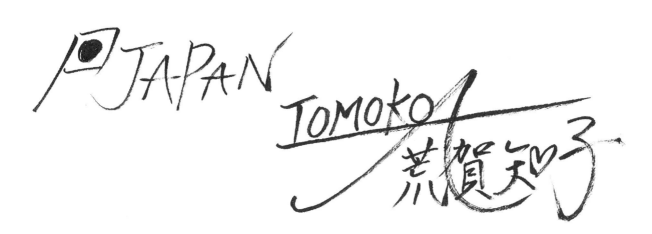

【PROFILE】

荒賀　知子（あらが・ともこ）

1985 年 2 月 1 日生まれ

京都府亀岡市出身。3 歳の時から父・正孝先生の道場に入門し、英才教育を受ける。中学校時代から全国大会で活躍、私立華頂女子高校在学中には、全国高校空手道選抜大会や高校総体で連覇するなど活躍を続け、「高校空手界の女王」と呼ばれた。京都産業大学へ進学後の 2004 年メキシコで行われた世界大会で組手 53 キロ級の部で世界チャンピオンになり、2006 年フィンランドで行われた世界大会でも連覇し、2 大会連続の世界チャンピオンになる。さらに同年 12 月ドーハで開催されたアジア大会でも金メダルを獲得した。

荒賀知子は、「蹴り」でポイントを稼ぐ外国人選手と異なり、「突き」でポイントを多く奪う。素晴らしく速い、キレのある「突き」が彼女の最大の武器である。

Lesson 17　上級英会話（6段：黒帯レベル）

At practice①

(アット プラクティス)

練習①

　さていよいよ外国人との合同練習です。空手があるから言葉はいらない、なんて言わないで下さい。空手があるからこそ、すぐに友達になれて共通の話題があるのです。共に汗を流しながら、どしどし英語で会話して下さい。恥ずかしがらずに、遠慮することはないですよ。

Hiro : <u>How far is the dojo from here?</u>

ハウファー イズ ザ ドージョー フロム ヒアー？

ひろ：ここから道場へはどのくらい距離がありますか？

Mike : <u>It is about 30 minutes by car.</u>

イット イズ アバウト サーティー ミニッツ バイ カー。

マイク：車で約30分です。

Hiro : <u>How many students does your dojo have?</u>

ハウ メニー スチューデンツ ダズ ユア ドージョー ハブ？

ひろ：道場には何人くらい生徒がいるのですか？

Mike : <u>We have about 80 students at our dojo,</u>

ウイ ハブ アバウト エイティー スチューデンツ アット アワ ドージョー、

but about 30 students will come tonight.

バット アバウト サーティー スチューデンツ ウイル カム トゥナイト。

マイク：80人くらいいますが、今夜来るのは30人くらいでしょう。

<u>Here we are.</u>　This is our dojo.

ヒア ウイ アー。ディス イズ アワ ドージョー。

ここです。これが私たちの道場です。

Hiro : Wow, this is nice.

ワオ、ディス イズ ナイス。

ひろ：ワァー、いい道場ですね！

Mike : Thank you.

センキュー。

マイク：ありがとう。

Hiro : Where can I change my clothes?

ホエアー キャナイ チェンジ マイ クロウズ？

Do you have a changing room or can I change here?

ドゥー ユー ハブ ア チェインジングルーム オア キャン アイ チェンジ ヒア？

ひろ：どこで着替えればいいですか？更衣室はありますか、それともここで着替えていいですか？

Mike : OK.　Follow me.

オーケー。フォロー ミー。

マイク：付いて来て下さい。

Hiro : Thank you.　<u>I will change as fast as I can.</u>

センキュー。アイ ウイル チェンジ アズ ファースト アズ アイ キャン。

ひろ：ありがとう、できるだけ早く着替えます。

How far is the dojo from here? ハウ ファー？

「ここから道場まではどのくらい距離がありますか？」

How many students does your dojo have? ハウ メニー？

「あなたの道場には生徒が何人くらいいますか？」

How much power do you use? ハウ マッチ？

「あなたはどのくらいの力を使いますか？」

●How 〜? は Lesson 12 でも説明していますが、もう少し補足。

◆how far 距離、how many 数、how much 量、

How much is it all together?　「それらすべてでいくらですか？」（値段）
How much do you want?　「どれだけ欲しいの？」（量）

※How much? と聞くと「（値段が）いくら？」と考えがちですが、「どれくらいの」
と（量）を聞く場合もあります。

I will change as fast as I can.

アイ ウイル チェンジ アズ ファースト アズ アイ キャン

「できるだけ早く着替えます」

●as 〜 as one can.　one のところに人が入ります。

Speak as slowly as you can.　スピーク アズ スローリー アズ ユー キャン。
「できるだけゆっくり話しなさい」
Speak as slowly as possible.　スピーク アズ スローリー アズ ポシブル。
と書き換えることもでき、同じ意味です。

Clean your room as clean as you can.　「できるだけ部屋をきれいに掃除しなさい」
I will clean the room as clean as I can.　「できるだけ部屋をきれいにします」
Move as fast as you can.　「できるだけ早く動きなさい」
Touch the bird as gently as you can.　「できるだけ優しくその鳥に触りなさい」

At practice②

（アット プラクティス）

練習②

あこがれの海外道場での練習に参加したひろ君、充実した練習内容にビックリ。日本と海外の違いに唖然とする。これからはもっと厳しい練習を重ね、世界チャンピオンを目指すことを誓いました。

Hiro : The practice in this dojo is very hard work.
ザ プラクティス イン ディス ドージョー イズ ベリー ハード ワーク。
Do you practice like this all the time?
ドゥー ユー プラクティス ライク ディス オール ザ タイム？

ひろ：この道場の練習はとても厳しいです。いつもこのように練習しているんですか？

Mike : Yes, we do.　Master Kotaka is very strong,
イエス、ウイ ドゥー。マスター コタカ イズ ベリー ストロング
and his practice is always tough.
アンド ヒズ プラクティス イズ オールウェイズ タフ。

マイク：そうです。小高師範はとても強く、練習はいつも厳しいです。

Hiro : I will try to do the same kind of practice
アイ ウイル トライ トゥ ドゥー ザ セイム カインド オブ プラクティス
in Japan, too.
イン ジャパン、トゥー。
　Look at that person high kicking.
ルック アット ザット パーソン ハイ キッキング。
His kick is very fast, faster than anybody else.
ヒズ キック イズ ベリー ファースト、ファースター ザン エニィバディ エルス。

ひろ：日本でも同じような練習をするようにします。

見て、あそこで上段蹴りをしているしている人を。
あの人の蹴りはすごく速い。他の誰よりも速い。

Mike : Yes, he is George, last year's world champion.
イエス、ヒー イズ ジョージ、ラーストイヤーズ ワールド チャンピオン。
He is probably the fastest kicker in the world.
ヒー イズ プロバブリー ザ ファーステスト キッカー イン ザ ワールド。

マイク：はい、彼はジョージで去年の世界チャンピオンです。

Hiro : Yes, he is super.　Really he is an amazing athlete.
イエス、ヒー イズ スーパー。ゥリアリー ヒー イズ アン アメイジング アスリート。
I wonder what kind of practice he does?
アイ ワンダー ワット カインド オブ プラクティス ヒー ダズ？

ひろ：そうですか。彼はすごい。本当にすごい人ですね。どんな練習をしているんだろう。

Mike : He kicks thousands of times every day.
ヒー キックス サウザンズ オブ タイムズ エブリデー。

マイク：蹴りを毎日何千回ってしているんですよ。

Hiro : You must be kidding!
ユー マスト ビー キディング！

ひろ：冗談でしょう！

Mike :　No, it's true.
ノー、イッツ トゥルー。

マイク：いえ、本当です。

Hiro : I have been very impressed with the practice here.
アイ ハブ ビーン ベリー インプレスト ウイズ ザ プラクティス ヒア。

ひろ：この道場の練習に感動しました。

Mike :　I hope you have had good time.
アイ ホープ ユー ハブ ハッド グッド タイム。

マイク：良い時間を過ごせましたか。

Hiro : Yes, I did.　I will try to be a world champion like him
イエス、アイ ディド。アイ ウイル トライ トゥ ビー ア ワールド チャンピオン ライク ヒム。
in the future!
イン ザ フューチャー！

ひろ：はい、とても。将来彼のように世界チャンピオンを目指します。

I wonder what kind of practice he does?

アイ　ワンダー　ワット　カインド　オブ　プラクティス　ヒー　ダズ

「彼はどんな練習をしているんだろう？」

（I wonder：「～かしら」と自問している形）

I wonder how it will end?　アイ　ワンダー　ハウ　イット　ウイル　エンド？
「どんなふうに終わるんだろう？」
I wonder what they are going to do now?
アイ　ワンダー　ワット　ゼイ　アー　ゴーイング　トゥ　ドゥ　ナウ？
「彼らは今、何をしようとしているのかしら？」

You must be kidding!　ユー　マスト　ビー　キディング！
「冗談でしょう！」　　相手が言ったことに、「冗談だろ！」という表現

I have been very impressed with ～.
アイ　ハブ　ビーン　ベリー　インプレスト　ウイズ　～
「私は～にとても感動させられた」

◆受動態の現在完了形

現在形：　　　I am very impressed.
過去形：　　　I was very impressed.
未来形：　　　I will be very impressed.
現在完了形：　I have been very impressed.

I have been impressed.　　　「私は感動させられた」＝（今も感動している）
Water has been polluted.　　「水は汚染された」＝（今も汚染している）

I have had a good time.
アイ　ハブ　ハッド　ア　グッド　タイム

「私はよい時を過ごしました」＝「楽しかったです」

現在完了＝過去に起こった動作・状態が現在にも続いている場合、現在完了を使う。
have [has] ＋過去分詞
I have just finished lunch.　アイ　ハブ　ジャスト　フィニッシュト　ランチ。
　　　　「私はちょうど昼食を食べ終わったところです」

46

Dinner with a foreign guest①

（ディナー　ウイズ　ア　フォーリン　ゲスト）

外国人と食事①

とうとう外国人と食事する時がやってきました。何を話せばいいのか考えれば考えるほど緊張して、逃げ出したくなりますね。とにかく「当たって砕けろ」です。頑張って話そうと努力すれば、相手もきっとわかってくれるはずです。

Mike：<u>What are you doing tonight?</u>
　　　ワットアー　ユー　ドゥーイング　トゥナイト？

マイク：今夜どうするの？

Hiro：Er…nothing really.
　　　アー… ナッシング ゥリアリー。

ひろ：えーと、何もないです。

Mike：That's good!　<u>We're planning to</u> go out for
　　　ザッツ グッド！ ウイアー プランニング トゥ　ゴー アウト フォー
　　　dinner tonight.　Would you like to come with us?
　　　ディナー トゥナイト。ウッジュー ライク トゥ カム ウイズ アス？

マイク：ちょうどいい。今夜私たちは
　　　　食べに行こうと計画しています。
　　　　一緒に行かない？

Hiro：That sounds great.
　　　ザッツ サウンズ グレイト。

ひろ：いいですよ。

Mike：<u>Is there anything you would like to try,</u>
　　　イズ ゼアー エニイシング ユー ウッド ライク トゥ　トライ、
　　　or anywhere you would like to go?
　　　オア エニイホエアー ユー ウッド ライク トゥ　ゴー？

マイク：何か食べたいもの、どこか
　　　　行きたい所はありますか？

Hiro：Hmm… nothing in particular.
　　　フーン… ナッシング イン パーティキュラー。

ひろ：うーん、特にないです。

Mike：<u>Then why don't we go to a seafood restaurant?</u>
　　　ゼン ホワイ ドント ウイ ゴー トゥ ア シーフード レストラン？
　　　I know a very good place near here and
　　　アイ ノウ ア ベリー グッド プレイス ニアー ヒアー アンド
　　　<u>I'm planning to</u> go there with my Karate Club members.
　　　アイム プランニング トゥ　ゴー ゼア ウイズ マイ カラテ クラブ メンバーズ。
　　　You can join us.
　　　ユー キャン ジョイン アス。

マイク：それならシーフードレストラン
　　　　に行きましょう。
　　　　この近くに良いレストランを
　　　　知っています。空手のメンバー
　　　　と一緒に行こうと計画してい
　　　　ます。君もご一緒にどうぞ。

Hiro：That sounds great.　I'd love to go with you.
　　　ザッツ サウンズ グレイト。アイド ラブ トゥ　ゴー ウイズ ユー。

ひろ：いいですね。一緒に行きたいです。

Mike：Is there anything you can't eat,
　　　イズ ゼア エニイシング ユー キャント イート、
　　　or you don't like to eat?
　　　オア ユー ドント ライク トゥ イート？

マイク：何か食べられない物か、好き
　　　　ではない物はありますか？

Hiro：No, there is nothing I particularly like or dislike.
　　　ノー、ゼアリズ ナッシング アイ パティキュラリー ライク オア ディスライク。

ひろ：好き嫌いは何もないです。

What are you doing tonight?

ワット　アー　ユー　ドゥイング　トゥナイト

「今夜どうするの？」

●実際には「今夜、何をしているの？」という意味で、「どうするの？」と予定を聞くのであれば、What are you going to do tonight?　と聞く方がよいでしょう。

I am planning to go out for dinner.

アイ　アム　プランニング　トゥ　ゴー　アウト　フォー　ディナー

「夕飯は外食しようかと計画しています」

We are planning to go to see a movie tonight.
「今夜、私たちは映画を身に行こうかと計画しています」
We are planning to go to Tokyo Disneyland tomorrow.
「私たちは明日、東京ディズニーランドへ行こうと計画しています」

Is there anything you would like to eat?

イズ　ゼア　エニシング　ユー　ウッド　ライク　トゥ　イート

「あなたが食べたいと思うもの何かありますか？」

Is there anything?　「何かありますか？」
you would like to ～　「あなたが～したいと望むこと」

Then why don't we go to seafood restrant？

ゼン　ホワイ　ドンウイ　ゴー　トゥ　シーフード　レストラン

「それなら海鮮料理に行きましょう」

then　「それなら」、　　why don't we go to ～「～へ行きましょうよ」

Why don't you bring her along (with you)?
「彼女を（あなたと一緒に）連れて来たらどうですか？」

Dinner with a foreign guest ②

(ディナー ウイズ ア フォーリン ゲスト)

外国人と食事②

　最初、食事中の英語での会話は食べたものの味がわからないくらい緊張しているものです。若いみんなはそのようなことはないかも知れませんが、大抵の場合はそのようなものです。できるだけ開き直って、堂々と胸を張って話し掛けて下さい。単語を並べるだけでもいいですよ。

Mike : <u>How do you like your food?</u>
ハウ ドゥー ユー ライク ユア フード？

マイク：料理はどうですか？

Hiro : <u>It's great.</u> These are the best oysters I've ever had.
イッツ グレイト。ジーズアー ザ ベスト オイスターズ アイブ エバー ハッド。

ひろ：すごく良い。カキは今まで食べた中で一番良いです。

Mike : Oh, yeah?　I'm glad to hear that.
オー、ヤー？　アイム グラッド トゥ ヒアー ザット。

マイク：そうなの、それが聞けて良かったよ。

Would you like some more wine?
ウッジュー ライク サム モア ワイン？

ワインもっとどう？

Hiro : Yes, thanks. I like it, but it tastes pretty strong.
イエス、センクス。アイライク イット バット イット テイスツ プリティー ストロング。

ひろ：ありがとう、これ好きです。でも、これきついよね。

Mike : Actually, it's not <u>as strong as</u> it tastes.
アクチュアリー、イッツ ノット アズ ストロング アズ イット テイスツ。

マイク：でも、感じるほど強くはないんだよ。おそらくアルコールは 12 パーセントから 15 パーセントくらいだよ。

Probably only 12 or 13% alcohol.
プロバブリー オンリー トゥエルブ オア サーティーン パーセント アルコホール。

Hiro : Oh, really?　I don't want to get a hangover
オー、ゥリアリー？　アイドント ウォントゥ ゲット ア ハングオーバー

ひろ：ほんと？　明日二日酔いになりたくないんだ。でも、もう少し飲もうか。

tomorrow, but I think it's OK to have some more.
トゥモロー、バット アイ シンク イッツ オーケー トゥ ハブ サム モア。

Mike : Are you finished?　Was everything all right?
アー ユー フィニシュトゥ？　ワズ エブリシング オーライ？

マイク：食事終わった？問題なかった？

Hiro : Yes, everything was great.
イエス、エブリシング ワズ グレート。

ひろ：はい、とても美味しかった。

Mike : All right, then.　<u>Shall we get the check?</u>
オーライ、ゼン。　シャール ウイ ゲット ザ チェック？

マイク：そうしたら支払いをしよう。

Hiro : Sure.
シュアー

ひろ：そうだね。

Mike : I'll take care of the check.
アイル テイク ケア オブ ザ チェック。

マイク：私が支払うよ。

Hiro : No, no, why don't we split the bill?
ノー、ノー、ホワイ ドンウイ スプリット ザ ビル？

ひろ：いやいや、割り勘にしよう。

Mike : It's okay, really.
イッツ オーケー、ゥリアリー。

マイク：私がもつよ、ほんと。

Hiro : Thank you. Next time, when you come to Japan,
センキュー、ネクスト タイム、ホエン ユー カム トゥ ジャパン、

ひろ：ありがとう。次回、君が日本に来た時おごるからね。

it'll be my treat.
イットゥル ビー マイ トゥリート。

How do you like your food?

ハウ ドゥ ユー ライク ユア ノード

「料理の方はどうですか？」

●これは今、食事をしている相手に「味はどうですか」という意味の質問をする時に言う表現です。

答え：It's good.　　It's great.　　It's nice.　　Taste good. など。
　　　イッツ グー。　イッツ グレイト。　イッツ ナイス。　テイスト グー。

It's good.　I like this kind of food.
イッツ グー。アイ ライク ディス カインド オブ フード。
「いいですね、私はこのようなタイプの食事が好きです」

as 〜 as…

アズ 〜 アズ...

「．．．と同じくらい 〜だ」

My son is as tall as Mike.　マイ サン イズ アズ トール アズ マイク。
「私の息子はマイクと同じくらいの身長です」
He became as famous as Michael Jackson.
ヒー ビケイム アズ フェイマス アズ マイケル ジャクソン。
「彼はマイケル ジャクソンと同じくらい有名になった」

Shall we 〜.

シャル ウイ

「〜しませんか？」

Shall we get the check?　「勘定書を頂きましょうか？」＝「支払いをしましょうか？」
Shall we dance?　シャルウイ ダンス？「踊りませんか？」
Sure.　シュア。「いいですよ」

Shall I call a taxi for you?　「タクシーをよびましょうか？」
シャール アイ コール ア タクシー フォー ユー。
　Yes, please.　Thank you.　「はい、お願いします。ありがとう」
イエス、プリーズ。センキュー。

50

■Lesson 21 　上級英会話（7段：師範代レベル）

Party with foreigner

（パーティー　ウイズ　フォーリナー）

「外国人とパーティー」

　海外でのパーティーには日本と違っていろいろな種類のパティーがあります。マイクがひろ君をパーティーに誘いました。さてどんなパーティーなのでしょう。楽しみですね。ここでも黙って付いて行くのではなく、積極的にこちらから話し掛けましょう。

Mike : I'm going to have a party tonight at my house.
アイム ゴーイング トゥ ハブ ア パーティー トゥナイト アット マイ ハウス。
Would you like to come?
ウッジュー ライク トゥ カム？

マイク：今夜私の自宅でパーティーをします。来ませんか？

Hiro : Thank you, what kind of party are you going to
センキュー、ワット カインド オブ パーティー アー ユー ゴーイング トゥ
have?
ハブ？

ひろ：ありがとう、どんなパーティーをしますか？

Mike : I'm planning to have a potluck party for about
アイム プランニング トゥ ハブ ア パトラック パーティー フォーアバウト
30 people.
サーティー ピープル。

マイク：30人くらいのパトラック・パーティーをしようと考えています。

Hiro : What is a potluck party?
ワット イズ ア パトラック パーティー？

ひろ：パトラック・パーティーって何んですか？

Mike : Oh, a potluck party … everyone brings some food
オー、ア パトラック パティー… エブリワン ブリングス サム フード
and we spread everything out on a big table.
アンド ウイ スプレッド エブリシング アウト オン ア ビッグ テーブル。
There is lots to choose from and you just help
ゼアリズ ロッツ トゥ チューズ フロム アンド ユー ジャスト ヘルプ
yourself until you are full .
ユアセルフ アンティル ユー アー フル。

マイク：パトラック・パーティーはみんなが料理を持ち寄って、大きなテーブルの上に広げます。選ぶものが沢山ありお腹が一杯になるまで食べます。

Hiro : Oh, I get it.　That sounds like fun.　I'm really
オー、アイ ゲット イット。ザッツ サウンズ ライク ファン。アイム ゥリアリー
looking forward to it.
ルッキング フォーワード トゥ イット。

ひろ：あぁ、わかりました。楽しそうですね。期待しておきます。

(At Mike's house)　アット マイクズ ハウス

（マイク宅にて）

Mike : Thank you for coming, Hiro.
センキュー フォー カミング、ヒロ。
Welcome to my house, come in.
ウエルカム トゥ マイ ハウス、カムイン。

マイク：いらっしゃい、ひろ。私の家へようこそ、お入り下さい。

Hiro : Thank you for inviting me.
センキュー フォー インバイティング ミー。
This is for you, Japanese sake. I hope you like it.
ディス イズ フォー ユー、ジャパニーズ サケ。アイ ホープ ユー ライク イット。

ひろ：ご招待ありがとう。日本のお酒です、どうぞ。気に入るかな。

Mike : Oh, thank you very much.　I love sake.
オー、センキュー ベリー マッチ。アイ ラブ サケ。
It's my favorite drink of all.
イッツ マイ フェイバラット ドリンク オブ オール。

マイク：ありがとう、お酒好きです。私の大好きな飲み物です。

Hiro : I'm so happy to hear that.
アイム ソー ハッピー トゥ ヒアー ザット。

ひろ：それは良かった。

I'm really looking forward to it.

アイム　ゥリアリー　ルッキング　フォーワード　トゥ　イット

「私は本当にそれを楽しみにしています」

● **look forward to 〜.　ルック　フォーーワード　トゥ　「〜を楽しみに待つ」**

We are all looking forward to seeing you.
ウイ　アー　オール　ルッキング　フォーワード　トゥ　シーイング　ユー。
「私たちはみんなあなたにお会いできることを楽しみにしています」

Thank you for inviting me.

サンキュー　フォー　インバイティング　ミー

「ご招待ありがとう」

Thank you for your kindness.
センキュー　フォー　ユア　カインドネス。
「ご親切ありがとう」
Thank you for helping me with my work.
センキュー　フォー　ヘルピング　ミー　ウイズ　マイ　ワーク。
「私の仕事を手伝って下さってありがとう」

potluck party

パトラック　パーティー

（近所の人があり合わせのものを持ち寄って行うパーティー）

Potluck：パトラック　　「あり合わせの料理」

52

Teaching to foreigners①

（ティーチング　トゥー　フォーリナーズ）

外国人に指導①

　外国人にスポーツとしての空手道を指導するのは大して難しくありません。やって見せ、やらせてみて、直していけば指導というのは成り立ちます。しかし、空手道を武道として教え、武士道精神を伝え、禅仏教や、哲学として教えるのは大変難しいものです。やはり言葉で説明し、相手を納得させなければなりません。海外に於けるこれからの日本人の指導者に求められることは、それらの事を言葉で説明できるということでしょう。

Oshita : <u>We Japanese believe that the Battle God exists</u>

ウイ ジャパニーズ ビリーブ ザット ザ バトル ガッド イグズィスツ

<u>in the dojo.</u>　Of course, the idea of the Japanese

イン ザ ドウジョ。オブコース、ジィ アイデア オブ ザ ジャパニーズ

Battle God is not part of western culture.

バトル ガッド イズ ノット パート オブ ウエスタン カルチャー

　This idea comes from Shinto : <u>the way of God</u> in Japan.

ディス アイデア カムズ フロム シントー：ザ ウエイ オブ ガッド イン ジャパン。

In Shinto there are many Gods living in different

イン シントー ゼア アー メニー ガッズ リビング イン ディファレント

places … For example, in the mountains, in the seas,

プレイスィズ… フォー イグザンプル、イン ザ マウンテンズ、イン ザ シーズ、

in the rivers etc.

イン ザ リバーズ エトセタラ。

Because <u>the Battle God</u> exists in the dojo, and

ビコーズ ザ バトル ガッド イグズィスツ イン ザ ドージョー、アンド

it is a <u>spiritual place</u>, we bow when we enter.

イット イズ ア スピリチュアル プレース、ウイ バウ ホエン ウイ エンター。

We also bow to the master, and our fellow students.

ウイ オールソー バウ トゥ ザ マスター、アンド アワ フェロー スチューデンツ。

This is important because we are showing <u>respect</u>

ディス イズ インポータント ビコーズ ウイア アー ショーイング リスペクト

to our partners who work hard, competing against

トゥー アワ パートナーズ フー ワーク ハード、カンピーティング アゲンスト

<u>each other</u> and helping each other.

イーチアザー アンド ヘルピング イーチアザー。

大下：私たち日本人は道場に戦いの神様が存在していると信じています。もちろん、戦いの神様は西洋の考えとは異なるもので、この考えは日本の神道から来たものです。

日本の神道では異なった場所にそれぞれの神様がいるという考えで、例えばそれぞれの山や海、川やその他にも存在すると考えています。

道場に入る時、私たちは礼をします。そこは神聖な場所で神様が存在するからです。私たちはまた、先生に礼をし同じ練習生にも礼をします。これは重要なことで、お互い助け合ったり、切磋琢磨するパートナーへの尊敬を表すためのものです。

We Japanese believe that 〜.

ウイ ジャパニーズ ビリーブ ザット 〜

「私たち日本人は〜を信じます」

People believe that thirteen is unlucky.

ピイプル ビリーブ ザット サーティーン イズ アンラッキー。

「13 は縁起が悪いと信じられている」

I don't believe that she will come.

アイ ドント ビリーブ ザット シー ウイル カム。

「彼女は来ないと思う」

I believe that he is kind.

アイ ビリーブ ザット ヒー イズ カインド。

「彼は親切だと私は思う」

the Battle God exists in the dojo.

ザ バトル ガッド イグズィスツ イン ザ ドージョー

「戦いの神は道場に存在する」

Does God exist?

ダズ ガッド イグズィスト？

「神は実在しますか」

I don't believe that ghosts exist.

アイ ドン ビリーブ ザット ゴースツ イグズィスト。

「幽霊が存在するとは思わない」

Lesson22 の単語

the way of God（ザ ウェイ オブ ガッド）：神道／the Battle God（ザ バトル ガッド）：戦いの神／spiritual place　（スピリチュアル プレイス）：神聖な場所／respect（リスペクト）：尊敬する／each other　（イーチアザー）：お互い

■Lesson 23 上級英会話（8段：師範レベル）

Teaching to foreigners②

（ティーチング　トゥー　フォーリナーズ）

外国人に指導②

　　武道にはスポーツと異なるものが多くあります。正座、黙想、何度も何度も繰り返す礼、感情を表面には出してはいけない、身だしなみを正しくする等。これは武士道精神や、惻隠の情などからきた哲学的考えによるものでしょう。

Oshita :

When we do <u>Seiza</u> "sitting in the kneeling position"

ホエン　ウイ　ドゥー　セイザ　"シッティング　イン　ザ　ニーリング　ポジション"

and <u>Mokuso</u> "meditation" you do not need to shut

アンド　モクソー　"メディテーション"　ユー　ドゥー　ノット　ニード　トゥ　シャット

your eyes completely. You can open your eyes slightly

ユア　アイズ　コンプリートリー。　ユー　キャン　オープン　ユア　アイズ　スライトリー

and look down about two meters.　Keep your body

アンド　ルック　ダウン　アバウト　トゥー　ミーターズ。　キープ　ユア　バディ

straight and try to concentrate on just one thing.

ストレイト　アンド　トライ　トゥ　コンセントレート　オン　ジャスト　ワン　シング。

<u>Don't worry that</u> the concentration might make you

ドンウォーリ　ザット　ザ　カンセントレーション　マイト　メイク　ユー

less aware of other things around you.

レス　アウエアー　オブ　アザー　シングス　アラウンド　ユー。

<u>You will still be able to</u> see and feel everything

ユー　ウイル　スティル　ビー　エイブル　トゥ　シー　アンド　フィール　エブリシング

if you keep your senses keen and clear.

イフ　ユー　キープ　ユア　センシズ　キーン　アンド　クリアー。

It is OK if you can only concentrate for a few seconds

イット　イズ　オーケー　イフ　ユー　キャン　オンリー　カンセントレート　フォー　ア　フィユー　セカンズ

at first; this will increase gradually if you remain focused.

アット　ファースト；　ディス　ウイル　インクリーズ　グラジュアリー　イフ　ユー　リメイン　フォーカスト

Such meditation makes us like a wild animal

サッチ　メディテーション　メイクス　アス　ライク　ア　ワイルド　アニマル

with an <u>innate sense</u> to feel the natural world around us.

ウイズ　アン　イネイト　センス　トゥ　フィール　ザ　ナチュラル　ワールド　アラウンド　アス。

It brings us back to an ancient age when we were closer to nature.

イット　ブリングス　アス　バック　トゥ　アン　エインシャント　エイジ　ホエン　ウイ　ワー　クローサー　トゥ　ネイチャー。

大下 :

正座をし、黙想する時、完全に目を閉じる必要はありません。わずかに薄眼を開けて2メートル先の床を見ます。身体を真っ直ぐに保ち、1点に集中するようにします。1点に集中したからといって、周りの事が見えなくなるなどと心配はいりません。神経を研ぎ澄ませ、鋭くしていれば、周りのすべてのことを感じることができます。最初、数秒間しか集中できなくてもかまいません。集中し続けていれば、少しずつできるようになっていきます。このような黙想は、自然を感じるという感覚を生まれつき持った自然動物のような感覚を私たちに身に付けさせます。黙想は、私たちが自然に身近だった頃の古代へ私たちを連れ戻すのです。

Don't worry that ～.

ドント ウォ リー ザット ～

「～を心配しなくてもいいですよ」

Don't worry that it might rain tomorrow.
　ドント ウォーリー ザット イット マイト レイン トゥモロウ。
　「明日、雨になっても心配しなくてもいいですよ」

Everything is going to be fine.
　エブリシング イズ ゴーイング トゥ ビー ファイン。
　「すべてうまくいくでしょう」

Don't worry that your watch is broken.
　ドント ウォーリ ザット ユア ウオッチ イズ ブロークン。
　「時計が壊れても心配しなくていいですよ」

I am sure that it can be fixed.
　アイム シュアー ザット イット キャン ビー フィクスト。
　「きっと修理できるよ」

You will be able to see and feel everything.

ユー ウイル ビー エイブル トゥ シー アンド フィール エブリシング

「あなたはすべてを見、感じることができるでしょう」

You will be able to finish the work within tonight.
ユー ウイル ビー エイブル トゥ フィニッシュ ザ ワーク ウイズイン トゥナイト。
「あなたはその仕事を今夜中に終えることができるでしょう」

You will be able to pass the examination.
ユー ウイル ビー エイブル トゥ パス ザ イグザミネーション。
「あなたはその試験に合格できるでしょう」

Lesson23 の単語

sitting in the kneeling position（シッティング イン ザ ニーリング ポジション）：正座
Meditation（メディテーション）：黙想
innate sense（イネイト センス）：生まれ持った感覚

■Lesson 24　　上級英会話（9段：師範レベル）

Teaching to foreigners③

（ティーチング　トゥ　フォーリナーズ）

外国人に指導③

　外国人に空手道を指導する場合、言葉で理解させることは非常に困難です。まして、精神面や空手道、武道がどうあるべきか等を伝えるのはある程度の説得力と英語力が必要です。また、突きや蹴りの攻撃力を、相手の身体のどの部分に衝撃を与え、どうダメージを与えるか等になると、身体や内臓の名称を知っておく必要があるでしょう。

Yamada :

When you hit the body of your opponent,

ホエン ユー ヒット ザ バディ オブ ユア アポーネント、

you must try to hit the center of the body.

ユー マスト トライ トゥ ヒット ザ センター オブ ザ バディ。

The most important area is the solar plexus,

ザ モースト インポータント エアリア イズ ザ ソーラー プレクサス、

around the stomach.　It is not enough just

アラウンド ザ スタマック。 イット イズ ノット イナッフ ジャスト

to aim at the solar plexus as a target area,

トゥ エイム アット ザ ソーラー プレクサス アズ ア ターゲット エアリア、

the power of the hit should be delivered

ザ パワー オブ ザ ヒット シュッビー デリバード

deep into the body of your opponent as if

ディープ イントゥ ザ ボディ オブ ユア アポーメント アズ イフ

you were hitting through the stomach.

ユー ワー ヒティング スルー ザ スタマック。

If you cannot hit the center of the body of

イフ ユー キャンノット ヒット ザ センター オブ ザ バディ オブ

your opponent head on, you will still have to

ユア アポーネント ヘッド オン、ユーウイル スティル ハブ トゥ

try to hit it from another direction.

トライ トゥ ヒット イット フローム アナザー ダイレクション。

By this I mean, the power can be delivered to

バイ ディス アイ ミーン、ザ パワー キャン ビー デリバード トゥ

the center from any direction. Do you understand?

ザ センター フロム エニイ ダイレクション。ドゥー ユー アンダスタンド？

Any power which is not directed into the center of

エニー パワー フイッチ イズ ノット ダイレクテッド イントゥー ザ センター オブ

your opponent's body will not be so effective.

ユア アポーネンツ バディ ウイル ノット ビー ソー イフェクティブ。

山田 :

　相手の身体を突く時、身体の中心を突くようにしなければならない。

　最も重要な場所は鳩尾（みぞおち）で、胃の辺りです。

　ただ、鳩尾を目標としても、それでは不十分で、突いた力は胃を通り抜けて、身体の中心部に届くように突かなければならない。

　もしあなたが前にいる相手の身体の中心を突くことができないとしても、違った角度からその中心を突くことを考えなければならない。

　そうすることによってどの角度からも中心に力を伝えるようにできるということです。

　理解できますか？

　たとえどんな力でも、相手の身体の中心に到達しないものは効果が少ないです。

When you ～.

ホエン ユー

「あなたが～する時・した時」

●接続詞の働きをする疑問詞 when（時を表す副詞節を導く接続詞）

When I woke up in the morning, she was gone.

ホエン アイ ウォーク アップ イン ザ モーニング 、シー ハズ ゴーン。

「朝、私が起きた時、彼女はいなかった」

When the movie is over, I'm going straight home.

ホエン ザ ムービー イズ オーバー、 アイム ゴーイング ストレイト ホーム。

「映画が終わったら、まっすぐ家に帰ります」

Things were different when I was a child.

シングス ワー ディファレント ホエン アイ ワズ ア チャイルド。

「私が子供の時は事情が違っていた」

as if ～

アズ イフ ～

「まるで～のように」

●仮定法を含む慣用表現

as if you _were_ hitting through the stomach.
アズ イフ ユー ワー ヒティング スルー ザ スタマック。
「まるで胃を通して突いているように」

You talk as if you _knew_ everything, don't you?
ユー トーク アズ イフ ユー ニュー エブリシング、ドンチュー
「あなたはまるで何でも知っているかのような話し方じゃないか」

I feel as if you _were_ my own son.
アイ フィール アズ イフ ユー ワー マイ オウン サン。
「私はあなたが自分の息子のように感じる」

She felt as if she _were_ in a dream.
シー フェルト アズ イフ シー ワー イン ア ドリーム。
「彼女はまるで夢を見ているように感じた」

コラム：アクティブな躍動感のある英語は、SVO の第3文型

「主語＋動詞＋目的語」というSVOの第3文型に重点を置けば、躍動感のある英文を作ることができます。

◆ 先ず、英文の5文型を簡単に復習しましょう。

【S＝主語、V＝動詞、C＝補語、O＝目的語】

① 第1文型　　　SV＝主語＋動詞
　　　George　won.（ジョージは勝った）
　　　　S　　　V　＝　「SはVする（した）」
② 第2文型　　　SVC＝主語＋動詞＋補語
　　　George looked happy.（ジョージは幸せそうに見えた）
　　　　S　　　V　　C　＝　「S＝C　ジョージ＝幸せ」

＊第1文型と第2文型は、目的語（動作の対象になる言葉）をとらない自動詞の文章です。
そして、第2文型のSVCのCは補語（Complement）で、補語になるのは名詞と形容詞です。
副詞（Adverb）は、修飾語であり、補語ではありません。文型を考えるとき、副詞は除外して下さい。

③ 第3文型　　　SVO＝主語＋動詞＋目的語
　　　George took a gold medal.（ジョージは金メダルを取った）
　　　　S　　　V　　　　O　＝　「SはOをVする（した）」
④ 第4文型　　　SVOO＝主語＋動詞＋間接目的語＋直接目的語
　　　We sent George a present.（私たちはジョージにプレゼントを贈った）
　　　S　　V　　IO　　DO　＝　「SはIOにDOをVする（した）」
⑤ 第5文型　　　SVOC＝主語＋動詞＋目的語＋補語
　　　Mr.Kotaka made George a world champion.
　　　　　S　　　V　　　O　　　　　C　＝　「SはOをCにVする（した）」
　　　（小高先生はジョージを世界チャンピオンに育てた）

＊第3文型、そして第3文型SVOの文章が進化した第4、第5文型は、いずれも目的語をとる他動詞の文章です。文型は動詞の使い方のパターンを理解するのに役立ちます。

◆次に、SVC文型とSVO文型の違いを見てみましょう。

　第2文型SVCの文章、George looked happy. では　George＝happy が成り立ちます。また、He is a karate player（彼は空手の選手です）も He=a karate player が成り立ちます。
Happy や a karate player は、主語について説明しています。つまり、主語を別の形で「言い換えて」いるのです。SVC型の文章では、「S＝C」（主語＝補語）という方程式が必ず成り立ちます。

◆次に、SVO型の文章はどうでしょうか。
　George took a gold medal. では　George=a gold medal にはなりません。a gold medal は、ジョージが「Vした」＝「取った」という動作の対象になり、金メダルは「目的語」です。
　SVO型の文章では、「S＝O」（主語＝目的語）の方程式は成り立ちません。
　これがSVC型の文章とSVO型の文章の大きな違いです。

◆5つの文型を復習しましたが、では、なぜ生き生きとした英文作りには第3文型なのでしょうか？

　第1文型と第2文型はどちらも、「私は・・・です」「彼は・・・しました」のような、平面的な、とても単純な内容の文章です。しかし、第3文型、その進化型の第4・第5文型を使うことで、文章に立体的な膨らみのある豊かな文章になります。

　第1、第2文型が写真のような平面の世界であるのに対して、第3文型以降の文章はアクティブなムービーの世界だということです。躍動感のある文章はこの第3文型からが重要になってくるのです。

◆それでは、少し難しい第3文型の例文を見てみましょう。

　ＳＶＯは＜主語＋動詞＋目的語＞の文章ですが、動詞の目的語になるのは、名詞、代名詞、または名詞の働きをする語・句・節などがあります。

① I   want   to buy a digital camera.　（私はデジタルカメラが買いたい。）
　　S   V　　　　O
② We   hired   a management consultant. (我々は経営コンサルタントを雇った。)
　　S   V　　　　O
③ I   believe   that he is a good teacher.　（彼は良い教師だと思う。）
　　S   V　　　　O
④ The settlers   learned   that the land in the plain was barren.
　　　S　　　　V　　　　　O
　（開拓民たちはその平野が不毛の土地であることを知った。）

＊上記①の文では名詞の働きをする to 不定詞以下が want の目的語になります。また、③と④の文では that 以下の文が＜節＞で、それぞれの動詞 believe, learned の目的語になっています。

◆ＳＶＯ型の文章は、メリハリがあり躍動感のある英文になるのです。

　日常で使う英文の割合を見ると、第1文型と第2文型が最もよく使われます。しかし、実用英語においては、アクティブなＳＶＯ型の文章を使うことで、文章にメリハリが生まれ、躍動感のある英文になるのです。ＳＶ型やＳＶＣ型の文章だけでは、平面的で単調な印象の文章になってしまいます。ＳＶＯ型の文章をどんどん使って、インパクトのある、より生き生きとした英文にしましょう！

第２部

応用編

C'mon Japan !

カモン・ジャパン！

※タイトルの C'mon Japan！の C'mon
は Come on の省略形で、頑張れとか、
行け〜！等の意味です。
「日本、頑張れ！」

さあ、第２部応用編の始まりです！

しっかり応用を学んで英会話を楽しんで下さい。

左より、ショーン先生（England）、著者(Japan)、ダン先生（Canada）

左より、ローリー先生（USA）メイ先生（Iran）ローラ先生(USA)

空手英語をマスターして、世界を目指せ！

　第1部で英語の基礎を学んだら、この第2部で更なる実力アップを目指して下さい。きっと国内や海外で、外国人選手たちと楽しく英会話をしているあなたがそこにはいるはずです。

　空手道は日本国内だけでなく、日本を代表する、世界で最も人気のあるスポーツの一つです。　今まで、「空手は好きだったけど英語は大嫌い、空手は出来るけど英語はまったくだめ」なんて人、たくさんいると思います。

　兵庫県武道国際交流団（２００５年７月３１日～８月５日）としてハワイへ行き、ハワイ領事館の総領事にお会いした時、総領事が以下のことを言われました。

　「日本のスポーツマンはもっと英語ができなければ世界での活躍はできない。たとえ良い成績を残せても、それでおしまい、そこから先へは進めず、それ以上の活躍は期待できない。サッカーの中田英寿選手や野球のイチロー選手は外国語も堪能なので、更なる活躍が期待できる」

ということでした。

　映画俳優の金城 武（かねしろたけし）がテレビのＣＭで、「日本語ができれば１億３千万人と会話ができる、しかし英語ができれば１０億人と会話ができる。」と言っていました。

　国が違えば考えも違い、育った環境も違う。相互理解は外見だけではできません。理解したつもりでも、それはあくまで表面的なもので、中身までは理解できていません。本当の意味で相手を理解しようと思ったら、言葉という道具を使って、考えをぶつけ合い、話し合ってこそお互いの理解ができるのではないでしょうか。

　この「C'mon Japan！　カモン ジャパン！」では、空手で国際親善するために、空手のいろいろな場面を使って、やさしく、わかりやすく英会話がマスターできるように工夫しました。
　英語が堪能な人も、また、まったく英語が出来ない人も、初心に帰って空手英語をマスターして下さい。
　海外の世界チャンプと仲良く会話が出来て、友達になれる日を夢見て…。

ドイツにて（２００９年１１月４日～１１日）

●SCENE. 1 （初段レベル）

■試合場での会話

（ライバルの次の形を聞く）

Oshita:Hi! Nice to meet you. My name is Masataka Oshita.　　大下：やあ！　初めまして。大下正孝です。
　　ハイ！ナイストゥーミーチュー。マイネーム　イズ マサタカ・オーシタ

　　May I have your name?　　　　　　　　　　　　　　　　あなたの名は何ですか？
　　メイ　アイ　ハブ ユア ネーム

Sean:My name is Sean, Sean Maddalena.　　　　　　　ショーン：私の名はショーン・マダレナです。
　　マイネーム イズ ショーン、ショーン・マダレナ

　　Please call me "Sean"　　　　　　　　　　　　　　　ショーンと呼んで下さい。
　　プリーズ コールミー、ショーン。

Oshita: I'm from Japan and I am in the Kata tournament.　　大下：私は日本から来て、
　　アイム フロム ジャパン アンド アイム インザ カタ トーナメント　　　　形の試合に出場しています。

　　What Kata are you going to do for the Second round?　　2回戦であなたは何の形をしますか？
　　ワット カタ アーユー ゴーイング トゥー ドゥー フォーザ セコンド ラウンド

Sean: I'm going to do the Heiku for the Second round.　　ショーン：2回戦では、ヘイクーをします。
　　アイム ゴーイング トゥー ドゥー ザ ヘイクー フォーザ セコンド ラウンド

　　What Kata are you going to do for the third round?　　あなたは3回戦で何の形をしますか？
　　ワット カタ アーユー ゴーイング トゥー ドゥー フォーザ サードラウンド

Oshita:Congratulations!　Your Kata was great!　　大下：おめでとう、あなたの形は素晴らしかったです。
　　コングラチュレーションズ。　ユア カタ ワズ グレート

Sean: Your Kata was great, too.　　　　　　　　ショーン：あなたの形も素晴らしかったですよ。
　　ユア カタ ワズ グレート トゥー

（be going to ～ ： 「～するつもりだ」／ going to を gonna ガナ と発音することが多い）

今日のレッスン

日本の授業で、「始めまして」は How do you do? と習いましたが、これはあくまで公式な場のことです。気軽には、Nice to meet you. とか、Nice meeting you. とか、I'm happy to see you. など気軽な表現があります。とにかく、外国人を見つけたら、そう言ってみて下さい。ただし、その後、何を言っているかわからないのに、イエス、イエスと言う人がいますが、それはやめましょう。わからなければ、My English is not good enough to understand what you say.
マイ　イングリッシュ　イズ　ノット　グッド　インナッフ　トゥ　アンダスタンド　ワット　ユー　セイ。「私の英語はあなたの言っていることを理解するほど良くありません」と言いましょう。

ハワイ副知事と会談する著者　（2005年8月）

★名称を覚えましょう

礼について

Bow　バウ　「礼」

Standing bow　スタンディング　バウ　「立礼」

Kneeling bow　ニーリング　バウ「正座での礼」

Kneeling　ニーリング「正座」

Bow to the front　バウ　トゥ　ザ　フロント「正面に礼」

Bow to senior instructor　バウ　トゥ　シニア　インストラクター　「先生に礼」

Bow to the Master　バウ　トゥ　ザ　マスター「師範に礼」

Bow to each other　バウ　トゥ　イーチアザー　「お互いに礼」

Bow to senior(s)　バウ　トゥ　シニア(ズ)　「先輩に礼」

立ち方について

Stand to attention (feet together)
　　　スタンド　トゥ　アテンション（フィート　トゥゲザー）「閉足立ち」

Stand to attention (toes apart)　スタンド　トゥ　アテンション（トォーズ　アパート）「結び立ち」

Parallel stance　パラレル　スタンス　「平行立ち」

Ready stance　レディ　スタンス　「八字立ち」

Inward tension stance　インワード　テンション　スタンス「内八字立ち」

Right foot front inward tension stance
　　　ライトフット　フロント　インワード　テンション　スタンス「右前三戦立ち」

Basic stance　ベイシック　スタンス　「基立ち」

Wide side stance　ワイド　サイド　スタンス「四股立ち」

Cat stance　キャット　スタンス「猫足立ち」

Front stance　フロント　スタンス「前屈立ち」

Back stance　バック　スタンス「後屈立ち」

Horse riding stance　ホース　ライディング　スタンス「騎馬立ち」

英語での名称は、この限りではありません。他にも違った表現をすることもあります。
ここでは、一つの例と思って下さい。

立ち方については、日本語でそのまま外国人にも通じると思います。でも、やはり英語で何と言うのか知っておく必要があるでしょう。いつか、あなたが海外で空手道を教える日が来ないとも限りませんから。

サンフランシスコでの著者・中央
後ろでピースしているのは、今村裕行先生（1979 年）

66

ここでは空手にちょっと関係するようなことわざ (proverb プラバーブ) を学びます。

※ ことわざ としてポピュラーなもの合計24題を、本文の中に入れてあります。覚えておくと教養があるなと一目置かれること請け合いです。

Rome was not built in a day.

ローム　ワズ　ノット　ビルト　イン　ア　デェイ

「ローマは一日にして成らず」

in a day は「一日で」とか「一日にして」という意味です。
「ローマは一日では完成されなかった」ということで、大変苦労して物事を成すことを言います。仕事に時間がかかっている時にも、言い訳として使われることもあるようです。

「何事も多大の努力をしなければ成し遂げられない」という意味で、特に武道は他の華やかなスポーツと異なり、あまり目立つことはないが、日々基本練習を重ね、苦労をして一つのことを成し遂げるという意味で共通するものがあるでしょう。

★ちょっと文法

was は be 動詞の過去形、**built** (ビルト)は、build(ビルド)「建物を建てる」という意味の動詞の過去分詞形。be 動詞＋動詞の過去分詞形、そうです中学校で習いましたよね、受け身形（受動態）です。

ハワイ小高道場のジョージ小高とエリサ・アウ

世界のチャンプが
君を待っている！

ハワイ・アラモアナ公園でのデモンストレーション

空手は世界への架け橋、

　　　空手で世界へ飛び出せ！

　でも、英語は必要、

　　　英語と空手で世界を目指せ！

●SCENE. 2 （初段レベル）

■試合後、友達になろう！

（こちらから話しかけよう）

糸東流世界大会 in フランスでの女子チェコチームと著者

Oshita : After the tournament, would you like to go out
アフター ザ トーナメント、 ウッヂュ ライク トゥ ゴー アウト
and have something to eat (have a drink)?
アンド ハブ サムシング トゥ イート （ハブ ア ドリンク）？

大下：試合の後で、どこか食事（飲み）に行きませんか？

Sean: All right!　Wait at the lobby of the HYATT Hotel
オーライ！ ウエイト アット ザ ロビー オブ ザ ハイヤット ホテル
at seven p.m., please.
アット セブン ピーエム、ブリーズ.

ショーン：いいですよ！
7時にハイヤットホテルのロビーで待っていて下さい。

Oshita: Will you tell me your e-mail address?　I will
ウイル ユー テル ミー ユア イーメイル アドレス アイ ウイル
tell you my address, so we can exchange e-mail
テル ユー マイ アドレス、 ソー ウイ キャン エクスチェインジ イーメイル
with each other.　My e-mail address is this.
ウイズ イーチ アザー マイ イーメイル アドレス イズ ディス.

大下：あなたの e-mail アドレスを教えて下さい。
私のも教えますので、メール交換しませんか？
これが私のアドレスです。

Sean: This is my e-mail address.　When you have
ディス イズ マイ イーメイル アドレス。 ホエン ユー ハブ
time send me a message,　OK ?
タイム センド ミー ア メッセージ、オーケー？

ショーン：私の e-mail アドレスはこれです。

暇があったらメールして下さい。

（ exchange エクスチェインジ は「交換する」とか「両替する」という意味で、交換留学生のことを exchange student(s) と言います）

===

今日のレッスン

Would you like to ～? は、「～しませんか？」という人を誘う時、ひんぱんに使う言葉なのでぜひ覚えましょう。
go out は「外出する」という意味です。

- -

e-mail はどこの国に行ってもイーメイルで同じです。ですからこれからは、出会ったら必ずイーメイル・アドレスを聞いて、メール交換しましょう。最近では携帯からでも、各国とメール交換できますから、英語でメールを交換して、読む努力、書く努力もしましょう。

- -

@ このマークは 「at （～にいる）」を記号化したもので、英語で **at mark** と書きます。ですから、日本語でも英語でもアット・マークと読みます。

69

Where there is a will, there is a way.

ホエアー　ゼアリズ　ア　ウイル、ゼアリズ　ア　ウエイ

「意志のあるところに道がある」

will は「～するつもりである」という意味の未来を表す助動詞ですが、ここでは「意志」という意味の名詞です。「意志のあるところに道（方法）がある」要するに、意志（やる気）さえあれば、道は開け、空手も上手になるし勉強だって出来るようになる。　逆に意志がなければ道は開けないということで、やる気のない人にチャンスは訪れないという事です。　やる気「意志」を持ってすべての事に前向きに取り組みましょう。

★ちょっと文法

There is～(単数)、There are ～(複数)は、「～がある」という意味で、中学校1年生の2学期で学びました。
is と are は be 動詞で、単数か複数、または過去か現在か等の時制によっても変化します。否定文は be 動詞の後に not を付けます。（例）There isn't a black belt on the desk.「机の上に黒帯（単数）はありません。」

★ 名称を覚えましょう。

急所の名称　Vulnerable points　バルナーラブル　ポインツ（急所）・前面

temple	テンプル	こめかみ
nose	ノーズ	鼻
windpipe	ウインドパイプ	喉笛
arm pit	アームピット	脇
solar plexus	ソーラープラクシス	鳩尾（みぞおち）
elbow joint	エルボージョイント	肘関節
forearm	フォアアーム	前腕
wrist	リスト	手首
groin	グローイン	金的
thigh	サイ	大腿部
shin	シン	すね
ankle	アンクル	足首
instep	インステップ	足の甲

●SCENE. 3 (二段レベル)

■試合後、レストランにて

Waiter : May I help you?
メイ アイ ヘルプ ユー

ウエイター：いらっしゃいませ。

What would you like to have?
ワット ウッジュ ライク トゥー ハブ

食事は何にしますか？

Oshita : I'd like to have this,(メニューを指さして) please.
アイド ライク トゥー ハブ ディス プリーズ

大下：これを下さい。

Waiter : What would you like to drink?
ワット ウッジュ ライク トゥー ドリンク

ウエイター：何をお飲みになりますか？

Oshita : I'd like to have a beer (some wine), please.
アイド ライク トゥ ハブ ア ビア (サム ワイン), プリーズ

大下：ビール（ワイン）をお願いします。

Oshita：My Karate style is Shito-style.　What is your
マイ カラテ スタイル イズ シトー スタイル.　ワット イズ ユア

style and who is your teacher?
スタイル アンド フー イズ ユア ティーチャー

大下：私の空手は糸東流です。
あなたの流派は何で、先生は
誰ですか？

Sean：My style is Syotokan-style.
マイ スタイル イズ ショートーカン スタイル

My teacher is Mr.Dennis Kelly and he is 6 th Dan.
マイ ティーチャー イズ ミスター デニス・ケリー アンド ヒー イズ シックスス ダン

ショーン：私の流派は松濤館流です。
先生はデニス・ケリー先生
で6段です。

今日のレッスン

　「～を下さい」という場合、「I would like to have ～, please.」 と言いましょう。これは丁寧な表現で、どんな時でもこのように言うと良いでしょう。 ぶっきらぼうに「Give me ～.」は丁寧ではありません。　省略は「I'd like to ～, please.」です。「アイド ライク トゥ 」と発音します。必ず、最後には「プリーズ」を付けましょう。

　飛行機の中で、フライト・アテンダント（ＦＡ)に「What would you like to have, chicken or beef?」と聞かれて、「チキン」とか「ビーフ」とだけ言う人が多いですが、これは語彙力のなさ、礼儀作法のなさを問われますので、最後に 「please」 プリーズを付けて、「I'd like to have chicken, please.」のように丁寧な表現方法を身につけましょう。　簡単には、「I'd like to have ～」を省略して、「Chicken, please.」とか「Beef, please.」でも良いのですが、必ず「please」は言葉の最後に付けましょう。

If you can dream it, you can do it.

イフ　ユー　キャン　ドリーム　イット、ユー　キャン　ドゥ　イット

「夢見ることができるならば、あなたはそれを実現できる」

　この言葉は、ディズニーランドという地上の楽園を創造したウォルト・ディズニーの言葉で、ミッキーマウスから身を起こして、ディズニーランドを築くに至った彼の人生をこの言葉が象徴しています。始めから不可能と諦めていたら何も創造することは出来ません。まず夢を見てそれを実現するために努力するのです。努力すれば必ず不可能が可能になり、夢が夢でなくなり現実となります。まず夢見ることから始めましょう。

★ちょっと文法

　仮定法のように見えますが、直説法現在の文で、you は主語で、can は助動詞、dream は動詞。can と dream がくっついて述部動詞となっています。it は代名詞で目的語。"，"コンマ以降の第2文の you も主語で、can は助動詞、do が動詞、it が目的語。If は接続詞で因果関係を表し、「もし〜ならば」。

　Ｓ＋Ｖ＋Ｏ、Ｓ＋Ｖ＋Ｏの二つの第三文型の文が一つの文章になった複文になっています。

★名称を覚えましょう（急所の名称）Vulnerable points バルナーラブル ポインツ（急所）・背面

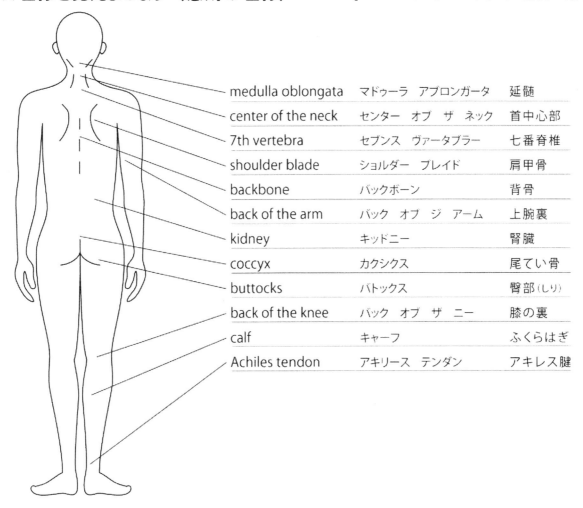

medulla oblongata	マドゥーラ　アブロンガータ	延髄
center of the neck	センター　オブ　ザ　ネック	首中心部
7th vertebra	セブンス　ヴァータブラー	七番脊椎
shoulder blade	ショルダー　ブレイド	肩甲骨
backbone	バックボーン	背骨
back of the arm	バック　オブ　ジ　アーム	上腕裏
kidney	キッドニー	腎臓
coccyx	カクシクス	尾てい骨
buttocks	バトックス	臀部（しり）
back of the knee	バック　オブ　ザ　ニー	膝の裏
calf	キャーフ	ふくらはぎ
Achiles tendon	アキリース　テンダン	アキレス腱

●SCENE. 4 (二段レベル)

■段位についての質問と答え

前回の会話に引き続いて、

Oshita : What grade do you have in Karate?
ワット グレード ドゥ ユー ハブ イン カラテ

大下：あなたは空手道何段ですか？

Sean : I have a third degree black belt.
アイ ハブ ア サード ディグリー ブラック ベルト

What grade do you have?
ワット グレード ドゥ ユー ハブ

ショーン：私は黒帯で3段です。
あなたは何段ですか？

Oshita : I have a seventh degree black belt in
アイ ハブ ア セブンス ディグリー ブラック ベルト イン

JKF (Japan Karatedo Federation).
ジェイ ケー エフ（ジャパン カラテドー フェデレーション）

大下：私は全空連（全日本空手道連盟）の
7段です。

Sean : Oh, wow ! That's great !
オー、ワオ。ザッツ グレート！

ショーン：わー、すごいですね！

今日のレッスン

空手道の段位を聞く場合、「あなたは何段ですか？」という質問です。どれも日本語の意味は同じです。

「What grade do you have?」ワット グレード ドゥ ユー ハブ？

「Which rank do you hold?」フゥッチ ランク ドゥ ユー ホールド？

「What is your grading?」 ワット イズ ユア グレーディング？

答えはそれぞれ異なるので、下に訳を記しておきます。
① 「I have a third degree black belt.」アイ ハブ ア サード ディグリー ブラック ベルト。
② 「I have a first degree black belt.」アイ ハブ ア ファースト ディグリー ブラック ベルト。
③ 「I hold a second dan.」アイ ホールド ア セカンド ダン。
④ 「I have a first kyu brown belt.」アイ ハブ ア ファースト キュー ブラウン ベルト。
⑤ 「I have a fourth kyu green belt.」アイ ハブ ア フォース キュー グリーン ベルト。
　　訳 ①私は3段黒帯です。　②私は初段黒帯です。　③私は2段を持っています。
　　　④私は1級茶帯を持っています。　⑤私は4級緑帯を持っています。

日本人は外国人ほど、級や段にこだわりませんが、海外では段級の違いが大きな格差を付けています。
年齢は関係なく、高段者から順番に並ぶ道場も少なくありません。それほど段級は重要なのです。
段は「～ degree black belt」か「dan」で表現し、級は「kyu」で表現します。

Practice makes perfect.

プラクティス　メイクス　パーフェクト

「練習は完璧を作る」

　「習うより慣れろ」という訳が多いようですが、少し意味合いが変わってしまうので、「練習は完璧(なもの)を作る」という訳にしました。　練習を繰り返すことによって完成度を増し、より完璧なものへと進化します。日頃の苦しい練習を積み重ねてこそ、素晴らしい結果というものが生まれるものでしょう。

★ちょっと文法

　"practice" プラクティス はこの場合「練習」という意味の名詞で、3人称単数なので動詞の現在形の "make" メイク「作る」には "s" エス が付き "makes" メイクス (3単現) になります。"perfect" パーフェクトは「完璧な」「完全な」という意味の形容詞です。　ただし、ここでは目的語が省略されているので、正確には "Practice makes it perfect." 「練習はそれを完璧なものにする」となります。この "it" の所に Karate とか baseball とかの名詞が入ります。　Subject サブジェクト(主語)＋Verb バーブ(動詞)＋Object オブジェクト(目的語)＋Complement カンプラメント(補語)の第5文型です。

★名称を覚えましょう

英語で覚える、受け技の名称

Upper block
　アッパー　ブロック「上段受け」

Knife-hand block
　ナイフハンド　ブロック「手刀受け」

Outside middle block
　アウトサイド　ミドル　ブロック「中段外受」

Inside middle block
　インサイド　ミドル　ブロック「中段内受け」

Scooping block
　スクーピング　ブロック「すくい受け」

Downward block
　ダウンワード　ブロック「下段払」

■経験を聞く

Sean : How long have you been doing Karate?
ハウロング ハブ ユー ビーン ドゥイング カラテ

Oshita : I have been doing Karate since I was a
アイ ハブ ビーン ドゥイング カラテ シンス アイ ワズ ア

high school student.
ハイスクール スチューデント

How long have you been doing Karate?
ハウロング ハブ ユー ビーン ドゥイング カラテ

Sean : I have been doing Karate for 20 years.
アイ ハブ ビーン ドゥイング カラテ フォー トゥエンティ イヤーズ

ショーン：あなたはどれくらい空手を習っている
（している）のですか？

大下：私は高校生の時から空手道を習って（して）
います。

あなたはどれくらい空手道を習って
（して）いますか？

ショーン：私は２０年間空手道を習って（して）
います。

今日のレッスン

◎How long? ハウロング は「どのくらい？」（長さ）を聞く言葉です。
その後の have you been doing ～：ハブ ユー ビーン ドゥイング～ は動作の継続を聞く時に使う、現在完了進行形： have (has) been ＋ -ing （現在分詞）です。これは過去から始めて現在も続けている動作（事柄）を聞く場合に用いる用法で、「いついつ始めて、今も続けている」ことを表します。

◎since は「いついつから」という意味で、since I was a high school student は「私が高校生だった時から」の「から」に相当します。

◎I have been doing Karate for 20 years. の for は、２０年間の「間」にあたる言葉で、「２０年の間」という意味で用いられ、「私は２０年間空手道を習って（して）います」という意味です。

ルーマニア・ナショナルチームと共に、中央は著者、
右は、男子組手６５キロ以下級で準優勝した芦屋大学の旭　悟史選手

Strike the iron while it is hot.

ストライク ジィ アイアン ホワイル イット イズ ホット

「鉄は熱いうちに打て」

　どんな事も興味があれば自ら進んで練習もするし、教えられたことがどんどん身に付いていきます。今まで多くの生徒を指導してきて思うことは、英語の勉強に関しても空手道に関しても、興味があればどんどん上達するし、強くなっていきます。でも一度興味を失ってしまえばなかなか元に戻らない。いくら先生が熱く語っても、指導しても上達しません。「馬の耳に念仏」というか「猫に小判」の状態になってしまいます。

　興味を失わないよう自ら努力し、指導する側も生徒が興味を失わないように心掛けなくてはいけません。生徒が興味を持っている間にどんどん教えて、熱いうちに一つのものを築き上げましょう。そうです「継続こそ力」なんです。

★ちょっと文法

　Strike は野球の「ストライク」と同じですが、その場合は名詞です。でもこの場合は「打つ」という動詞で、Strike the iron は「その鉄を打て」という意味の命令形です。　while ホワイルは「〜している間に」という意味の接続詞で、 while it is hot は「それが熱いうちに」と訳します。

★名称を覚えましょう　英語で覚える、手技の名称

Upper punch　アッパー パンチ「上段突き」

Middle punch　ミドル パンチ「中段突き」

Lower punch　ローアー パンチ「下段突き」

Basic front punch　ベーシック フロント パンチ「基本正面突き」

Reverse punch　リバース パンチ「逆突き」

Lunge punch　ラウンジ パンチ「追突き」

Fore-fist　フォア フィスト「正拳」

Back fist (strike)　バックフィスト (ストライク)「裏拳(打ち)・うらけん（うち）」

Knife-hand (strike)　ナイフ ハンド (ストライク)「手刀(打ち)・しゅとう（うち）」

Elbow (strike)　エルボー (ストライク)「ひじ打ち」

One knuckle fist　ワン ナックル フィスト「一本拳」

Middle finger knuckle fist　ミドル フィンガー ナックル フィスト「中高一本拳・なかだかいっぽんけん」

Flat fist　フラット フィスト「平拳・ひらけん」

Spear hand　スピアー ハンド「抜手・ぬきて」

Palm heel　パーム ヒール「掌底・しょうてい」

Inner knife hand　インナー ナイフ ハンド「背刀・はいとう」

Back hand　バック ハンド「背手・はいしゅ」

Chicken beak hand　チキン ビーク ハンド「鶏口・けいこう」

Chicken head wrist　チキン ヘッド リスト「鶏頭・けいとう」

Bent-wrist　ベント リスト　「鶴頭・かくとう」

Bear hand　ベアー ハンド「熊手・くまで」

Eagle hand　イーグル ハンド「鷲手　・わしで」

■これから連絡を取り合う

（ホームページアドレス・ブログアドレスを聞く、教える）

Oshita : Do you have your own Karate home page,
ドゥ ユー ハブ ユア オウン カラテ ホームページ、

or blog?　If you have one, tell me the
オア ブログ？　イフ ユー ハブ ワン、テル ミー ジィ

address, please.
アドレス、プリーズ

Sean : Here it is.
ヒア イット イズ

This is the address (URL) of my home page.
ディス イズ ジィ アドレス（ユー・アール・エル）オブ マイ ホームページ

Oshita : I have a Karate blog of my own, too.
アイ ハブ ア カラテ ブログ オブ マイ オウン、トゥ

Please have a look at it.
プリーズ ハブ ア ルック アット イット

Let's keep in touch with each other, OK?
レッツ キープ イン タッチ ウィズ イーチ アザー、オーケー？

大下：あなたは、あなた自身のホーム
ページか、ブログを持っていますか？
もし、持っていたら教えて下さい。

ショーン：これです。
これが私のホームページの
アドレス（URL）です。

大下：私も空手のブログをしています。

見て下さいね。これからもお互いに

連絡を取り合いましょうね。

URL とは、Uniform Resource Locator の略で、ホームページのアドレスのことで、住所のようなものです。

═══════════════════════════════

今日のレッスン

　私は毎日、アメリカ本土、ハワイ、ニュージーランド、オーストラリア、フランス、イタリア、イギリス、オーストリア、ロシア、イランなど１０箇所（９カ国）とメールで連絡を取り合っています。多い日には１日に１５件くらいメールが入っている日があります。当然すべて英語です。これほど便利な言葉は他にありません。英語ができれば世界中の人たちと会話ができるのです。世界中で起こっていることが、その日のうちに友人を介して知ることができるし、相手の考えを理解し、こちらの思っていることを伝えることができるのです。

　でも、日本人は中学、高校で６年間、大学に行くと更にそれ以上英語を勉強しているのですが、できる人はあまりいません。　何故でしょう？　それは学校で間違った勉強の仕方をしているからです。英語をしゃべり、メール交換するのは、６ヶ月も真剣に勉強すれば、誰だって出来るようになります。
　日本人が６年間英語を必修で勉強しているにもかかわらず、英語が出来ないことを知って外国人は不思議に思っていることでしょう。ではどうすればできるようになるのでしょうか。
　それは「覚えた英語をとにかく話すこと書くこと、そして恥ずかしく思わないこと」です。覚えたことや習ったことを、外に出てどんどん使って、自分のものにする努力をして下さい。とにかく外国人をみつけたら自分から英語で話し掛けてみて下さい。きっと外国人の友人ができることでしょう。生きた英語の勉強はそこからが始まりです。さあ、点を取るためだけの勉強とはおさらばしましょう。そんな勉強は自分のためにはなりませんよ！

Attack is the best form of defence.

アタック イズ ザ ベスト フォーム オブ ディフェンス

「攻撃は最大の防御なり」

　「後の先」という言葉がありますが、これには高度の技術が必要です。受けに廻ってしまうと必ずといっていいほど負けてしまいます。やはり前に出て、先に攻めてこそ相手を制することが出来るのではないでしょうか。攻撃を自分から仕掛け、積極的に攻めて勝利しましょう。

　「窮鼠猫を噛む」という諺がありますが、これも同じようなもので、組手は開始線で礼をして試合が始まりますが、その開始線を崖っぷちと考え、それよりも下がれば転落して死んでしまうと考え、前へ前へと出るようにしなければいけません。自分の置かれている立場を窮地と考え、自分から相手に飛び込んで、攻撃を仕掛けていくようにしましょう。

★ちょっと文法

　Attack は「攻撃する」という動詞でも使われますが、ここでは「攻撃」という意味の名詞です。The best form は、「最も良い形」という意味です。good という形容詞は、good「良い」、better「さらに良い」（比較級）、the best「最も良い」（最上級）という3段階に変化し、最上級には the が付きます。

　defense は「受け」「防御」という意味で、その反対語の「攻撃」は attack または offense です。

　Attack is the best form of defence. は英国で使われていますが、アメリカやカナダでは、The best defense is a good offense. と言われています。

※ defence は英語表記で、米語では defense になります。

★名称を覚えましょう

英語で覚える、特殊な手技(しゅぎ)の名称

Crane head・・・・・・・・
クレイン ヘッド　鶴頭・かくとう

Chicken beak hand・・・
チキン ビーク ハンド　鶏口・けいこう

Chicken head wrist・・・・・
チキン ヘッド リスト　鶏頭・けいとう

Bear hand・・・・・・・
ベアー ハンド　熊手・くまで

Eagle hand・・・・・・
イーグル ハンド　鷲手・わしで

One finger spear hand・・・・
ワンフィンガースピアー
一本抜手・いっぽんぬきて

Spear hand・・・・・・
スピアー ハンド　抜手・ぬきて

●SCENE. 7 （三段レベル）

■再会を約束して、別れを告げる

Oshita : Are you going back to your country
アーユー ゴーイング バック トゥ ユア カントリー
right away after this tournament?
ライト アウエイ アフター ディス トーナメント？

大下：試合が終わったらすぐにあなたの国に

帰るのですか？

Sean : No.　We are going to go to Italy
ノー。　ウイ アー ゴーイング トゥ ゴー トゥ イタリー
for sightseeing.
フォー サイトシーイング。

ショーン：いいえ、私達は観光でイタリアへ

行きます。

Oshita : Sounds good！　Have a good trip！
サウンド グッド。　　ハブ ア グッド トリップ！
I hope we can meet at the next world
アイ ホープ ウイ キヤン ミート アット ザ ネクスト ワールド
championship.
チャンピオンシップ

大下：いいですね！いいご旅行を！　次の

世界大会で会えることを願っています。

Sean : Ok！　I will do my best.　See you, Oshita.
オーケー！　アイ ウイル ドゥ マイ ベスト。　シー ユー、オオシタ。

ショーン：そうですね、ベストを尽くします。
また会いましょう、オオシタ。

※ right away　ライト　アウェイ　は「すぐに」という意味です。

今日のレッスン

「Sounds good！」サウンズ・グッド は「いいですね！」という意味です。Sounds の前に It や That が省略されていて、本来は It sounds good!　That sounds good! となります。友達に「飲みに行こうか」とか、彼女にデートに誘われた時などに「サウンズ・グッド！」と言ってみて下さい。

「Have a good trip！」ハブア グッド トリップ は「いいご旅行を！」という意味で、フランス語でいう「Bon voyage！」ボン・ボワイヤージュ です。 have は「持つ」という意味で覚えていますが、とても多くの意味があり、ここでは、「いい旅行をして下さい」という意味です。 Have a seat. ハブア シート は「椅子に掛けて下さい」という意味です。 have a rest. 休憩する。 have a try. やってみる。 have a bath. 入浴する。 have a drink. 飲み物を飲む。 have a talk. 話をする。Did you have a good sleep? 「よく眠れましたか？」 など。

A sound mind in a sound body.

ア　サウンド　マインド　イン　ア　サウンド　ボディ

「健全なる精神は健全なる身体に宿る」

　勉強だけしたってだめ！　ろくに遊びもしない、ろくにスポーツもしない、これではろくな人間になりません。遊びといってもコンピューターゲームではありません。コンピューターは必要不可欠ですが、ゲームは子供にとって大したプラスにはなりません。グランドを走り回り、鉄棒にぶら下がり、ドロまみれになって遊ぶ。時には山に登り、時には海に行って魚を獲る。こういった多くの経験が人間を作ります。勉強、勉強と言って良い大学に行くことだけを目標にする、こんなことだから今のような自己中心の、身勝手な世の中になってしまうんです。勉強も大切、でもその前にしっかり身体を鍛えましょう。健康な身体にこそ健康な心は宿ります。

★ちょっと文法

　前ページの Sounds は「〜に聞こえる」という意味の動詞で、最後に付いている s は三人称単数現在（三単現）の s です。しかし、ここでの Sound は「健全な」とか「健康な」という意味の形容詞です。mind は「心」とか「精神」。body は「身体」。　A と a はそれぞれ mind と body 説明する不定冠詞で、「ひとつの」とか「ある」とか漠然とした意味のものです。日本語としては訳さない場合が多いものです。　in は「〜の中に」という意味の前置詞です。

★名称を覚えましょう

英語で覚える、技の名称
　まず蹴り技には大きく分けて2種類の蹴りがあるのを理解しましょう。

Snap kick（スナップ・キック）素早く蹴り返す蹴り。
　スナップ・キックは間合い内にいる相手に対して、蹴った足を早く引き付けることによる反動でパワーを増大させるためのテクニック。

Thrust kick（スラスト・キック）相手の内臓をえぐるような蹴り込み。
　スラストは「〜を刺し通す」「突き出す」という意味です。スラスト・キックは間合いの遠い相手や、間合い内にいる相手でも、蹴りを押し込んでダメージを与える目的で蹴る場合や、相手を突き放す時等に使うテクニック。
　前蹴りや、横蹴り、後ろ蹴り、回し蹴り、すべての蹴りに同じようにスナップ・キックとスラスト・キックがあります。また、突き技でも同様です。時と場合を考えて使い分けしましょう。

Snap kick

Thrust kick

松久選手の必殺技「サソリ蹴り」

全日本2連覇

全日本実業団空手道大会4連覇

松久　功

　日本代表選手として、世界大会、アジア大会、ワールドゲームズ等でニューヨーク、メキシコ、カタール、マレーシア、スペイン、フィンランド、台湾等の国々へ訪れました。試合前や試合中は戦う事しか頭になく、外国にいることすら意識していないのですが、戦いが終わってしまうと、ふと、「今、外国にいるのだな」と再認識します。いろんな国や地域を訪れ、いろんな文化と接してみて、世界はおもしろく、大変興味深いものだと感じています。ただ、いつも思うことは、英語がもっとできたらもっと色々な事が理解できて楽しく、勉強になると思っています。私もまだまだ練習を積み重ねて世界のてっぺんを目指します。みなさんも一緒に頑張りましょう。

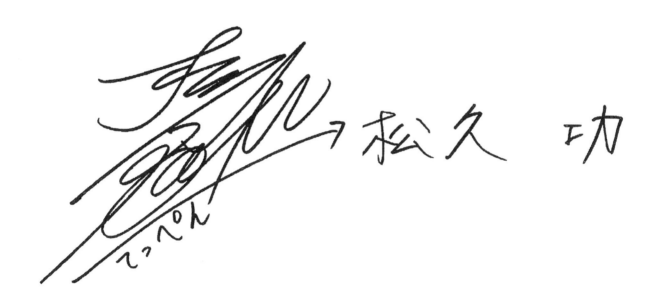

【PROFILE】

松久　功（まつひさ・こう）
1982年2月12日生まれ、身長181㎝
大阪府出身。9歳の時から空手道を始め、岐南工業高校卒業後、近畿大学へ。近畿大学の全国制覇連覇に大きく貢献した。2006年フィンランドで行われた第18回世界空手道大会3位、2008年日本武道館で行われた第19回世界空手道大会3位、2009年に台湾で行われたワールドゲームズ3位と、あと一歩で世界の頂点へ手が届いている。台湾でのワールドゲームズでは、彼の得意技「サソリ蹴り」を披露し、会場は現地の観衆からの大声援に沸き上がった。

●SCENE. 8 〈四段レベル〉

■英語での指導方法① 質問された時どう答えるか（"気合い"について）

Eric : When we punch and kick, and
ホエン ウイ パンチ アンド キック、アンド

also when we attack an opponent,
オールソー ホエン ウイ アタック アン アポーネント、

why do we have to yell?
ホワイ ドゥ ウイ ハーフ トゥ イエル？

Oshita : The yell, "Kiai" is used to make
ザ イエル、キアイ イズ ユーストゥ メイク

our bodies tight when we are attacked.
アワ バディス タイト ホエン ウイ アー アタックト。

In order to reduce the damage we may get.
イン オーダー トゥ リディュス ザ ダメージ ウイ メイ ゲット

"Kiai" is also used to summon power.
キアイ イズ オールソー ユーストゥ サマン パワー。

エリック：突きや蹴りをする時、また相手に

対して攻撃する時、どうして私達は

声を出さなければならないのですか？

大下： "気合い"は攻撃を受けた時、身体を

締めるために行います。

打撃を受けてもダメージを減少させる

ため。"気合い"はまた、パワーを

アップさせることができるのです。

今日のレッスン

◎"yell"イエル は「大声をあげる」「鋭く叫ぶ」という意味で、空手における「気合い」のことを言います。もちろん外国人に対して、"キアイ"でいいのですが、"yell"という英単語も覚えておきましょう。

◎"opponent"アポーネント は試合や競技における「相手・敵」の意味です。
a political opponent は「政敵」、an opponent of the government は「政府に反対する人」。
beat (defeat) one's opponent は「試合で敵を破る」 という意味です。

Never put off till tomorrow what you can do today.

ネバー　プット　オフ　ティル　トゥモロー　ワット　ユー　キャン　ドゥ　トゥデー

「今日出来ることは、明日にのばすな」

　すぐにやれば出来ることを、明日やる、明日やるといって一日延ばしにしていると、いつまでたっても出来ません。だから思いついたらすぐにやりましょう。

　相手に勝つためには、内容の充実した練習を、相手よりも多くすること。特に組手の試合よりも、形の試合に練習量が顕著に結果に表れます。正しい練習を毎日繰り返し、人より多く練習した人が勝利を得ることが出来るのです。今日出来ることは、今日しっかりとやっておきましょう。

★ちょっと文法

　"never" は「決して〜ない」という意味の副詞ですが、文頭に来ているので、「決して〜するな」という意味の命令形です。　"put off" は「延期する」という意味で、"Never put off" で「決して延期するな」という意味です。"till" は「〜まで」という意味の前置詞で、"till tomorrow"は「明日まで」。　"what you can do today"の "what" は疑問詞の "what" ではなく、関係代名詞の "what" で、「〜するもの・〜すること」の意味で、"what you can do today." は「あなたが今日出来ること」の「こと」にあたります。

★名称を覚えましょう。英語で覚える、「蹴りで使う部位の名称」

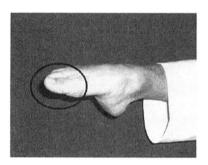

toe
トウ
「爪先」

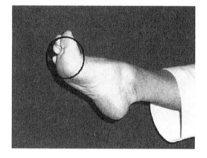

ball of the foot
ボール　オブ　ザ　フット
「上足底」

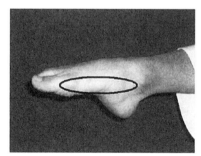

inside of the arch
インサイド　オブ　ジ　アーク
「内足」

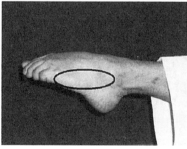

outside of the arch
アウトサイド　オブ　ジ　アーク
「外足」

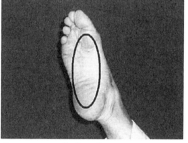

bottom of the foot
ボトム　オブ　ザ　フット
「足底」

■英語での指導方法② 　質問された時どう答えるか（脱力について）

Eric : My teacher told me to hold back the power before
マイ ティーチャー トールド ミー トゥ ホールド バック ザ パワー ビフォー

and after I hit. 　You should only use power
アンド アフター アイ ヒット。ユー シュッド オンリー ユーズ パワー

when your punches or kicks impact the target.
ホエン ユア パンチズ オア キックス インパクト ザ ターゲット

Will you tell me what to do, please?
ウィル ユー テル ミー ワットゥ ドゥ、プリーズ?

エリック：「攻撃をする前と後は、力を抜きなさい、力を入れるのは突きや蹴りが当たる瞬間だけです」、と先生は言われましたが、どのようにすればいいのか教えて下さい。

Oshita : Make your power scale from 0 to 100. If you use
メイク ユア パワー スケール フロム ゼロ トゥ ハンドレッド、イフ ユー ユーズ

your power before you hit, 100 percent of the power
ユア パワー ビフォー ユー ヒット、ハンドレッド パーセント オブ ザ パワー

is wasted but, if you relax and use no power,
イズ ウエイステッド バット、イフ ユー リラックス アンド ユーズ ノー パワー

the power comes out at 100 percent when you hit
ザ パワー カムズ アウト アット ハンドレッド パーセント ホエン ユー ヒット

the target. 　So it is very important to relax
ザ ターゲット。ソー イット イズ ベリー インポータント トゥ リラックス

before and after you attack.
ビフォー アンド アフター ユー アタック。

大下：力をゼロから１００に使いなさい。もし当てる前に力を使ってしまえば、力が無駄になり、１００パーセントの力が出せません。でももし、リラックスして、力を入れなければ、突いた時に１００パーセントの力を出す事ができるでしょう。ですから攻撃する前と後に力を抜くことは非常に重要なことです。

今回のレッスン

◎「力が入り過ぎだから、力を抜きなさい」とよく先生から注意されます。組手の場合も、形の場合も同じで、力が入り過ぎると実力が発揮できません。その力を抜くことを、外国人に英語で説明するのは難しいことです。今回のレッスンのように説明しましょう。

◎ hold back　ホールド　バック は「控える・抑える」という意味で、hold back the power で、「力を抑える・力を制御する」という意味になります。

◎impact インパクト は「衝突する・ぶつかる」という意味で、突きや蹴りが相手の身体に当たる瞬間のことをいいます。

◎scale スケール は「段階・等級・率」の事です。 power scale で「力の量」のことをいいます。

◎waste ウエイスト は「消耗する・無駄に使う」という意味で、is(be) wasted で「無駄使いされる」という受け身になります。 waste water 「水の無駄使い」 waste money「お金の無駄使い」 waste time 「時間の無駄つかい」等。

Nothing ventured, nothing gained.

ナッシング　ベンチャード，ナッシング　ゲインド

「危険を冒さないと、何も得られない」

　「虎穴に入らずんば、虎児を得ず」という諺がありますが、これと同じようなものです。また、これに類するものに、No pain, no gain.　ノーペイン、ノーゲイン「痛みがなければ、得るものもない」があります。

　「かわいい子には旅をさせろ」、という言葉がありますが、かわいいからといって、甘やかしてばかりいると、苦労をしらないふぬけた子供になってしまいます。「旅・冒険」というのは多くの経験のことをいいます。勉強だけでなく、多くの色々な経験をして子供は成長していきます。かわいい子供にこそ、いろいろな経験をさせてあげましょう。

★ちょっと文法

　nothing は「何も〜ない・少しも〜ない」という意味の不定代名詞です。venture は risk, gamble と同じようなもので、「危険を冒す、冒険をする、賭けをする」等の意味の動詞です。

★名称を覚えましょう。

英語で覚える、「蹴りで使う部位の名称」

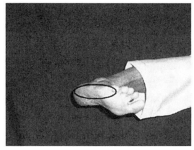

edge of the foot
エッジ　オブ　ザ　フット
「足刀」

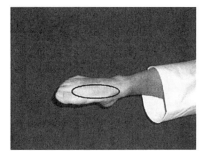

instep
インステップ
「足甲」

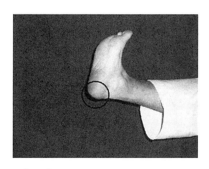

heel
ヒール
「踵（かかと）」

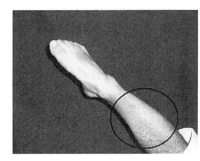

shin
シン
「脛（すね）」

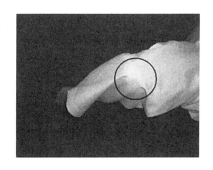

Knee
ニー
「膝（ひざ）」

■英語での指導方法③　相手の良い点をほめる（基本ができている）

Oshita : I think you practice very hard.　　　　　　大下：あなたはとてもよく練習していると
　　　　　アイ　シンク　ユー　プラクティス　ベリー　ハード。　　　思います。特に基本が良く出来ています。

　　　In particular, your basic techniques are very good.
　　　　　イン　パーティキュラー、ユア　ベーシック　テクニクス　アー　ベリー　グッド。

Eric : Thank you.　My teacher told me that the basics　　エリック：ありがとう。私の先生が
　　　　　センキュー。マイ　ティーチャー　トールド　ミー　ザット　ザ　ベイシックス　　「基本はハイ・テクニック

　　　are more important than the advanced techniques.　　より重要だと」おっしゃって
　　　　　アー　モア　インポータント　ザン　ザ　アドバンスト　テクニクス。　　　　いました。

Oshita : That's right!　If you do not acquire the basics,
　　　　　ザッツ　ライ！イフ　ユー　ドゥ　ノット　アクワイアー　ザ　ベイシックス、　　大下：その通りです。もし基本をしっかり
　　　　　　　　　　　　　　　　　　　　　　　　　　　　　　身に付けていないと、すぐにくずれ
　　　your Karate will break down.　And your Karate　　てしまいます。それに一定のところ
　　　　　ユア　カラテ　ウイル　ブレイク　ダウン。アンド　ユア　カラテ　　　まcでいくと、それより伸びなくなり

　　　level will not reach the level it could.　　　　　ます。伸び悩んだ時、基本に戻って
　　　　　レベル　ウイル　ノット　リーチ　ザ　レベル　イット　クッド。　　　しっかり練習しましょう。

　　　When you have trouble improving further,
　　　　　ホエン　ユー　ハブ　トラブル　インプルービング　ファーザー、

　　　it is better to go back to the basics.
　　　　　イット　イズ　ベター　トゥ　ゴー　バック　トゥ　ザ　ベーシックス。

Eric : I will.　Thank you so much.　　　　　　　エリック：そうします、有り難うございました。
　　　　　アイ　ウイル。センキュー　ソー　マッチ。

今日のレッスン

◎ I think ～ は、「私は～と思います」という意味で、その後に思うことを言えばいいのです。
　例えば、I think you are very beautiful.「あなたはとても美しいと私は思います」とか、
　I think you are very strong.「あなたはとても強いと私は思います」とか、 don't を付けて
　否定にして、I don't think it is expensive.「私はそれを高くないと思います」というよう
　に使います。 expensive エクスペンシブ は「値段が高い」という意味です。
　主語を You にして、You think I am nice guy, don't you?「あなたは私のことを良い奴だと思っ
　ていますよね？」などとも使えます。　最後の ,don't you? は付加疑問で、「ですよね」という「念
　を押す」意味です。
◎more important は「さらに重要である」という意味の比較級で、その後に than ～ 「～よりも」
　を付けて、「～よりもさらに重要である」という意味です。
◎acquire～「～を身に付ける」acquire the basics　「基本を身に付ける」
◎break down　「故障する、だめになる、衰える」

Seeing is believing.

シーイング　イズ　ビリービング

「見ることは信じること」

　「経験を積む」ということは大切なことです。自分の目で見、自分の身体で体験する。そのことが人生を豊かにし生活の基盤となります。好奇心を持つことは重要で、より多くのことを見聞きしましょう。特に日本国内だけでなく、海外に出て、他の国のことをよく知ることが重要です。そのためには、やはり英語をしっかり勉強し、外国の異文化を学び、外国の良い所をしっかり取り入れ、そして海外から日本を見つめ直しましょう。きっと今まで見えなかった日本の素晴らしさも見えてくるはずです。

★ちょっと文法

　Seeing is believing「見ることは信じること」→「百聞は一見にしかず」動詞の see「見る」、とbelieve
「信じる」に ing が付いて動名詞になっています。 Seeing は主語、 is は動詞、believeing は補語で、第2文型です。進行形も同じ (be 動詞 + 動詞の ing 形) 形になるので、意味の違いに注意して、混同しないようにしなければなりません。
　To see is to believe これも同じ意味で、この場合は to 不定詞(to + 動詞の原形)です。最初の To see は名詞的用法で主語として用いられ、後の to believe は同じく名詞的用法で補語として用いられています。

★名称を覚えましょう。英語で覚える、「蹴り技の名称」

- ■front kick
  フロント　キック「前蹴り」
- ■side kick
  サイド　キック「横蹴り」
- ■knee kick
  ニー　キック「膝蹴り」
- ■roundhouse kick
  ラウンドハウス　キック「回し蹴り」
- ■inside roundhouse kick
  インサイド　ラウンドハウス　キック「内回し蹴り」
- ■reverse roundhouse kick
  リバース　ラウンドハウス　キック「裏回し蹴り」
- ■back kick
  バック　キック「後ろ蹴り」
- ■back roundhouse kick
  バック　ラウンドハウス　キック「後ろ回し蹴り」
- ■hatchet kick
  ハチェット　キック「かかと落とし」
- ■jumping roundhouse kick
  ジャンピング　ラウンドハウス　キック「飛び回し蹴り」
- ■jumping back roundhouse kick
  ジャンピング　バック　ラウンドハウス　キック「飛び後ろ回し蹴り」

●SCENE. 11 （四段レベル）

■英語での指導方法④　相手の悪い点を指摘する（決めが弱い）

Eric　　：　How is my Karate, sensei?
ハウ　イズ　マイ　カラテ、センセイ？

エリック：私の空手はどうですか、先生。

Oshita：　Your kumite is very good.　It's very
ユア　クミテ　イズ　ベリー　グッド。　イッツ　ベリー

strong, very fast and you have good spirit.
ストロング、ベリー　ファースト　アンド　ユー　ハブ　グッド　スピリット。

大下：あなたの組手はとても良いです。
とても力強いし、とても速いし、
とても良い気迫をしています。

But when you do kata.　You need "Kime".
バット　ホエン　ユー　ドゥ　カタ、　ユー　ニード　キメ。

でも形をする時、「決め」が必要
です。

"Kime" means "Focus".
キメ　ミーンズ　フォーカス。

「決め」とは「フォーカス」の
という意味です。

You have to concentrate and focus.　When you
ユー　ハブ　トゥ　コンセントレート　アンド　フォーカス。ホエン　ユー

あなたは集中とフォーカスをし
なければなりません。

punch and kick you have to use your power,
パンチ　アンド　キック　ユー　ハブ　トゥ　ユーズ　ユア　パワー

form and be relaxed before and after each
フォーム　アンド　ビー　リラックスト　ビフォー　アンド　アフター　イーチ

movement.　This is "Kime".
ムーブメント。　ディス　イズ　キメ。

突きや蹴りをする時、力と姿勢を
大切にし、1つ1つの動きの前後
は力を抜き、リラックスしなけれ
ばなりません。それが「決め」と
いうものです。

If you do Kime more, your kata will be better
イフ　ユー　ドゥ　キメ　モア、　ユア　カタ　ウイル　ビー　ベター

and sharper.
アンド　シャーパー。

もし、あなたがもっと決めを大切
にすれば、あなたの形はもっと
鋭く良いものになるでしょう。

Eric　　：　Thank you, sensei.
サンキュー、センセイ。

I will try to do more "Kime" when I do kata.
アイ　ウイル　トライ　トゥ　ドゥ　モア　キメ　ホエン　アイ　ドゥ　カタ。

エリック：ありがとうございます、先生。
形をする時、もっと「決め」
をするようにします。

Oshita：　Always do your best, please.
オールウエイズ　ドゥ　ユア　ベスト、プリーズ。

大下：いつも最善を尽くして下さい。

今日のレッスン

◎ How is 〜？「〜はどうですか？」と質問するもので、How is my English?「私の英語はどうで
すか？」
How is your cold?「あなたの風邪の具合はどうですか？」How is the weather today?「今日の
天気はどうですか？」 How is your mother?「あなたのお母さんはいかがですか？」などなど。
◎ have to 〜 は「〜しなければならない」という意味で、must マスト と同じです。
◎ focus は他動詞で、「焦点を合わせて鮮明にする」「焦点を合わせる」「集中させる」などの意味
があり、空手で技を「決める」時に英語ではこの言葉を使います。

89

ことわざ 11

Every cloud has a silver lining.

エブリ　クラウド　ハズ　ア　シルバー　ライニング

直訳「すべての雲の裏側は、銀色に輝いている」
意訳「光を遮る雲の後ろには、輝く太陽がある」

　「楽は苦の種、苦は楽の種」や「楽あれば苦あり」と同じで、良いことと悪いことは表裏一体。つらいことや苦しいこと、悲しいことがあっても、その裏には良いことや楽しいこと、素晴らしいことが必ずあります。また、その逆もあります。人生や空手道をずっと続けていく上で、苦しいことや悲しいことは必ずあります。でも、あきらめたらそれまでです。じっと耐えて頑張って下さい。きっと苦労が報われる日がやって来ます。

★ちょっと文法

　every は形容詞で単数名詞を修飾します。なので、後に来る cloud は複数ではなく単数名詞です。当然 cloud は単数ですから、その後に来る have 動詞も三人称単数の has になります。すべての雲は a silver lining を持っている、ということで、 silver は「銀・銀色の」 lining は ライニング と発音し、（衣服などの）裏張り、裏、裏地などの意味です。

★名称を覚えましょう。英語で覚える、「高度な蹴り技の名称」

■hook kick　フック　キック「鉤（かぎ）蹴り」
■jumping hook kick　ジャンピング　フック　キック「飛び鉤蹴り」
■360-degree jumping hook kick　スリーハンドレッド　シックスティ　ディグリー　ジャンピング　フック　キック「360度回転飛び鉤蹴り」
■roundhouse hook kick　ラウンドハウス　フック　キック「回し鉤蹴り」
■jumping back kick　ジャンピング　バック　キック「飛び後ろ蹴り」
■jumping roundhouse kick　ジャンピング　ラウンドハウス　キック「飛び回し蹴り」
■turning back roundhouse kick　ターンニング　バック　ラウンドハウス　キック「回転もどし回し蹴り」
■hatchet kick　ハチェット　キック「かかと落し蹴り」
■360-degree jumping hatchet kick　スリーハンドレッド　シックスティ　ディグリー　ジャンピング　ハチェット　キック「360度回転飛びかかと落し蹴り」
■rolling hill kick　ローリング　ヒル　キック「胴回し蹴り（前転かかと落し蹴り）」
■scorpion kick　スコーピアン　キック「サソリ蹴り」
◎ラウンドハウスには4つの意味があり、①（鉄道の）円形機関車庫　②（帆船の）後甲板の後部船室③（ボクシングの）大振りパンチ　④（野球の）鋭いカーブ
　この3番目のボクシングの大振りパンチを空手の回し蹴りに応用したものと思われる。

◎フックは鉤（かぎ）という意味で、釣り針もフックである。フックキックは、最近良く使われるようになったが、回し蹴りと異なり、釣り針のように引っ掛けるようにして蹴る方法。

◎ハチェットとは、「手斧」「アメリカ先住民のいくさ斧」のこと。斧のように上から落してして蹴るということ。

●SCENE. 12 （五段レベル）

■選手登録 (Registration for Championships) に関して①

名前と出場種目の確認　　レジストレーション　フォー　チャンピオンシップ

At the registration counter. （登録カウンターにて）

Oshita : I'd like to register as a competitor
アイドライク トゥ レジスター アズ ア コンペティター

for this championship, please.
フォー ディス チャンピオンシップ、プリーズ。

大下：この大会の選手登録をしたいのですが。

Cunter : OK!　Please tell me your name and
オーケー！ プリーズ テル ミー ユア ネーム アンド

the category that you are taking part in.
ザ カテゴリー ザット ユー アー テーキング パート イン

カウンター：オーケー、名前と出場する種目を
言って下さい。

Oshita : My name is Masataka Oshita from Japan.
マイ ネーム イズ マサタカ オオシタ フローム ジャパン。

I'm in the Male Kumite Open division.
アイム イン ザ メール クミテ オープン ディビジョン

大下：名前は日本の大下正孝です。出場種目は
男子組手無差別級です。

Counter : (She is using a computer.)
（シー イズ ユージング ア コンピューター）

OK!　You are in now.
オーケー！ ユー アー イン ナウ。

カウンター：（コンピューターに入力して）
オーケー、登録終了です。

I'll take your picture, come over here please.
アイル テイク ユア ピクチャー、 カム オーバー ヒア プリーズ.

(Taking picture.)
（テーキング ピクチャー）

あなたの写真を撮りますので、
ここへ来て下さい。

（写真を撮り）

This is your ID card, please wear it
ディス イズ ユア アイディ カード、プリーズ ウエアー イット

at all times in the gym.　Listen to all the
アット オール タイムズイン ザ ジム。 リッスン トゥ オール ザ

announcement carefully, please. OK?
アナウンスメント ケアフリー プリーズ。 オーケー？

これがあなたの ID カードです。
館内にいる時は常に身に付けて
ください。館内放送を注意して
聞いて下さいね。

Oshita : Yes.　OK!　Thank you very much.
イエス。 オーケー！ サンキュー ベリー マッチ。

大下：わかりました、ありがとうござい
ました。

今回のレッスン

◎　自分自身で選手登録しなければならない時があります。人に任せっきりにせず、自分の登録は自分でしっかり間違いのないように行いましょう。

◎　category カテゴリーは「種目、区分、部門」という意味で、組手や形の種目のことをいう場合や、反則の時のカテゴリー1やカテゴリー2などの時にも使います。

◎　division ディビジョンは、「分割、部分、区分」という意味で、category と大差はありませんが、division の方がやや小さく分類されたものに使う場合があります。

◎　take part in ～ テイク パート イン～ は「～に出場する、～に参加する」という意味で、
I will take part in the next World Karate Championship in Greece.
「私は次回のギリシャで行われる世界空手道大会に出場します。」

All work and no play makes Jack a dull boy.

オール　ワク　アンド　ノー　プレイ　メイクス　ジャック　ア　ダル　ボーイ

「勉強ばかりで遊ばないとジャックは馬鹿になる」

　イギリスの全寮制有名私立の学校では、授業の３分の１が体育やスポーツの時間です。日本はどうでしょう？　ろくにスポーツをしないで、大学入試の勉強ばかりしている人が多くいます。こんなことだから、自分の事しか考えない、また、寄ってたかって弱い子供をいじめたりする卑怯な子供ばかりが育ってしまいます。そんな子供達がやがて大人になって、日本を引っ張っていく中心人物になるのですからとんでもない話です。

　遊びと言ってもコンピューターゲームで遊ぶのではありません。スポーツをしたり、身体を使って汗や涙を流すことです。　どこまで日本の教育と子育ては間違った方向へ行くのでしょうか？　品格のなくなった日本に品格を持たせるために、もっと武道やスポーツや道徳教育に力を入れましょう。

★ちょっと文法

　All work 「すべてが仕事」と、no play 「遊びなし」はジャックを dull な少年にする、ということ。

dull は、「鈍感な、おもしろくない、元気がない、ばかな」という意味です。

<u>All work and no play</u> は主語で、<u>makes</u> は動詞で三単現、<u>Jack</u> は目的語で、<u>a dull boy</u> は補語。そうです、S＋V＋O＋C の第５文型です。受験勉強しかやらなかったら、おもしろくない人間になってしまいますよ！

★名称を覚えましょう。 英語で覚える、「その他の技の名称」

■Sweeping
　　スイーピング「足払い」
■take down
　　テイク　ダウン「倒し技」
■Throwing
　　スローイング「投げ技 」
■scissor kick take down
　　シザー　キック　テイク　ダウン「カニばさみによる倒し技」
■Sliding
　　スライディング「転身」
■pillow arm
　　ピロウ　アーム「枕手（まくらで）」
■hook hand
　　フック　ハンド「掛手（かけて）」
■attached hand
　　アッタチト　ハンド「添手（そえて）」
■test of breaking
　　テスト　オブ　ブレーキング「試し割り」

上記の単語の後にはすべて、Sweeping technique とか、take down technique というように、technique テクニック という言葉が付きます。テクニック「技」は１つではなく、多くの種類の技がありますから、複数になると、techniques テクニクス というように「s」が付きます。

●SCENE. 13 （五段レベル）

■選手登録（Registration for Championships) に関して② ウエイト確認

At the registration counter.（登録カウンターにて）

Oshita : I'd like to register for this championship.
アイド ライクトゥ レジスターフォー ディス チャンピオンシップ

Where should I go?
ホエアー シュッド アイ ゴー？

大下：大会の選手登録したいのですが、どこへ行けばいいのですか？

Somebody : Go there, to the counter, please.
ゴー ゼア、トゥーザ カウンター、プリーズ。

誰か：あそこのカウンターへ行って下さい。

Oshita : I'm from Japan. My name is Masataka Oshita.
アイム フロム ジャパン。マイ ネーム イズ マサタカ オオシタ。

I'd like to register for the male
アイド ライクトゥ レジスター フォー ザ メイル

－70 kg individual kumite, please.
アンダーセブンティ キログラム インディビデュアル クミテ、プリーズ.

大下：日本から来た大下正孝です。
男子個人組手－70kgに出場するのですが、選手登録をお願いします。

Counter : OK! I'll check your weight.
オーケー！アイル チェック ユア ウエイト

Get on the scale, please.
ゲット オン ザ スケール、プリーズ

You are more than 70kg. You can not enter
ユー アー モア ザン セブンティーキログラム。ユーキャンノットエンター

for this category. You had better lose some weight
フォー ディス カテゴリー。ユー ハッド ベター ルース サム ウエイト

and check your weight again later.
アンド チェック ユア ウエイト アゲイン レイター。

カウンター：オーケー、体重を量りますので、この体重計に乗って下さい。
70kg を超えていますよ。この種目には出場できません。体重を落として、後でもう一度量り直して下さい。

Oshita : OK! I will go and run and sweat.
オーケー！アイ ウイル ゴー アンド ラン アンド スエット。

I'm going to lose some weight.
アイム ゴーイング トゥ ルース サム ウエイト。

大下：わかりました。走って汗を流して体重を減らしてきます。

今回のレッスン

◎ SCENE. 3でも、I'd like to ～ の説明をしました。ここでの I would like to ～ も同じで、「～」の所に動詞 register 「登録する」を入れて、「私は～の登録がしたい。」という意味になります。
I'd like to　アイド ライク トゥ　は、I would like to　アイ ウッド ライク トゥ　の省略形です。

◎ should シュッド　の後に動詞を入れて「～しなければならない」。You should pass the examination.
「あなたはその試験に合格しなければならない」　I should go there.「私はそこへ行かねばならない」
上の例文 Where should I go? は I should go there. の there「そこへ」が where 「どこへ」という疑問詞になり、文頭に出た形で、「私はどこへ行かなければなりませんか？」という意味です。

◎ You had better～ は「あなたは～した方が良い」という意味で、「～」の部分に動詞を入れます。You had better take part in the tournament. 「あなたはその試合に出場した方が良い」など。take part in～「～に参加する・～に出場する」。You had better の省略形は You'd better です。

A person is known by the company he keeps.

ア　パ・ソン　イズ　ノウン　バイ　ザ　カンパニー　ヒー　キープス

「誰と付き合うかで、その人がどんな人か分かる」

　「類は類を呼ぶ」とか「朱に交われば赤くなる」という諺があります。人とは似たもの同士が集まりますし、交わっている内に、同じような人物になってしまいます。向上心のない人、サボってばかりいる人と一緒にいると自分もそのような人になってしまいますので、できる限り向上心のある、努力する人とお付き合いするよう心掛けましょう。勉強にしても、スポーツにしても一生懸命努力している人を友達にし、共に切磋琢磨できるようにしましょう。

★ちょっと文法

　is known は 〈 be 動詞＋過去分詞 〉で受動態（受け身）になっていて「～される」という意味になっています。A person は「一人の人、その人」で、「その人は～とわかる」という意味です。by は前置詞で「～によって」で、the company he keeps は「彼の付き合っている人達」のことです。company は「会社」という意味でよく知られていますが、「付き合い、交際、仲間、友達、一団」などの意味もあります。

★名称を覚えましょう。

英語で覚える、「競技種目」

■Male Individual Kata
　　メール　インディビデュアル　カタ「男子個人形」
■Female Individual Kata
　　フィーメイル　インディビデュアル　カタ「女子個人形」
■Male Individual Kumite
　　メール　インディビデュアル　クミテ「男子個人組手」
■Female Individual Kumite
　　フィーメイル　インディビデュアル　クミテ「女子個人組手」
■Male Team Kata
　　メール　ティーム　カタ「男子団体形」
■Female Team Kata
　　フィーメイル　ティーム　カタ「女子団体形」
■Male Team Kumite
　　メール　ティーム　クミテ「男子団体組手」
■Female Team Kumite
　　フィーメイル　ティーム　クミテ「女子団体組手」
■repechage レパチャージ「敗者復活戦」

　日本では軽量級、中量級、重量級で行われる試合が多いですが、世界大会は体重で多く分かれています。
－80kg　アンダー　エイティー　キログラム
＋80kg　オーバー　エイティー　キログラム
（－はアンダー、＋はオーバー）
　無差別は、open オープン と言い、種目は category「カテゴリー」とか、division「ディビジョン」とか、class「クラス」という単語を使います。

■ 選手登録（Registration for Championships）に関して③
集合時間と場所の確認

After registration. アフター レジストレーション（選手登録の後で）

Oshita : What should I do after this?
ワット シュッド アイ ドゥ アフター ディス？

大下：この後、どうすればいいのですか？

Counter : The competitors will gather
ザ コンペティターズ ウィル ギャザー

in the anteroom over there.
イン ジィ アンティルーム オーバー ゼアー

That will be around 2 o'clock.
ザット ウィル ビー アラウンド ツゥ オクロック

カウンター：選手の集合場所はむこうにある
選手控室です。
集合時間はだいたい2時頃です。

Oshita : OK. I understand.
オーケー。アイ アンダスタンド

大下：はい、わかりました。

Counter : Listen to all the announcements
リッスン トゥ オール ジ アナウンスメンツ

carefully and don't be late, please. OK?
ケアフリー アンド ドント ビー レイト、プリーズ、オーケー？

カウンター：すべての放送をよく聞いて、
遅れないように注意して下さい。

Oshita : OK. I will be careful. Thank you.
オーケー。アイ ウィル ビー ケアフル。サンキュー。

大下：はい、気を付けます、ありがとう。

今回のレッスン

◎anteroom アンティルーム は「選手の控室」で、antechamber アンティチャンバー とも言います。
◎競技者や選手のことを、player プレイヤー、 contestant コンテスタント、athlete アスリート、
等の言い方がありますが、competitor コンペティター という言い方もあります。
◎over there オーバーゼアー は「むこうに・あちらの方に」という意味です。
◎「およそ～時頃」というのは、about アバウト でも表現できます。It's about 9 o'clock.「9時頃
です」。
また、around アラウンド でも表すことができます。It's around 9 o'clock.「9時頃です」。
余談ですが、around-the- clock アラウンド ザ クロック は「24時間営業」という意味です。

ことわざ 14

Genius is one per cent inspiration and ninety-nine per cent perspiration.

ジーニアス　イズ　ワン　パーセント　インスピレーション
アンド　ナインティナイン　パーセント　パースピレーション

「天才とは１％のひらめきと９９％の努力をする人」

　天才は確かに存在する。才能を生まれ持っている人も確かに存在する。しかし、イチローのように世界でトップレベルの人でも、努力をしなければただの人である。このことわざのように、「天才は１％のひらめきと、９９％の努力」というのはその通りだ。たとえ、天才でなくても、たとえ才能を生まれ持っていなくとも、努力を積み重ねることによって天才になれる可能性は誰にでも秘めている。

★ちょっと文法

　genius ジーニアス は「天才」、inspiration インスピレーション は「ひらめき・思いつき」、perspiration パースピレイション は「汗を流すこと・努力」のことである。　「努力」は別の言葉で effort イフォート。
　and は接続詞で、前の one per cent inspiration と ninety-nine per cent perspiration の２つの文を対等の関係でつなぐ、等位接続詞です。文型は　Ｓ＋Ｖ＋Ｃ　の第２文型です。

★名称を覚えましょう。英語で覚える、「級位の名称（序数）」

			色　帯	
			少年少女	一般
10 th kyu	テンス　キュー	１０級	白色	白色
9 th kyu	ナインス　キュー	９級	黄色	
8 th kyu	エイス　キュー	８級	橙色	
7 th kyu	セブンス　キュー	７級		
6 th kyu	シックスス　キュー	６級	水色	緑色
5 th kyu	フィフス　キュー	５級		
4 th kyu	フォース　キュー	４級	緑色	
3 rd kyu	サード　キュー	３級		茶色
2 nd kyu	セカンド　キュー	２級	茶色	
1 st kyu	ファースト　キュー	１級		

基数（きすう）　　one, two, three, four, five,
　　　　　　　　　six, seven, eight, nine, ten,

序数（じょすう）　first, second, third, fourth, fifth,
　　　　　　　　　sixth, seventh, ninth, tenth,

級における色帯の分け方は、各道場によって異なる場合があります。

■発音に関して

　th （θ）の発音は日本にはない音です。カタカナで書く時は（ス）と書きますが、舌の先を上下の歯で軽くかむ形から、急に舌先をひっこめながら　ス　と音を出します。

世界チャンプ　ジョージ小高

How is everyone in Japan?

This is George Kotaka.

Thank you very much for cheering me at the 19th world Karate Championship in Tokyo last year. Because of your support, I was able to win the gold medal. I was born in Hawaii and I grow up there. My father is Chuzo Kotaka who was the all Japan karate champion in 1962 and I learnt karate under him from the age of three. Hawaii is the closest place to Japan from the USA and it is my home town. Many people who love karate come to Hawaii and practice karate at our dojo. Why don't you study English through Karate? English is the most important and common language in the world, so please practice your karate and do your best to study English too!

★★★★★★★ ジョージ・コタカ チャンピオン・応援メッセージ ★★★★★★★

日本のみなさんお元気ですか、ジョージ・コタカです。

　昨年 2008 年の東京で行われた、第 19 回世界空手道選手権大会で応援して頂いてありがとうございました。その応援のおかげで優勝し、金メダルを獲得することができました。私はハワイ生まれのハワイ育ちです。私の父は小高忠三先生で、1962 年の全日本空手道チャンピオンです。私は父から 3 歳の時から空手道を習っています。

　ハワイは日本にとって一番身近なアメリカ。そのハワイが現在でも私の本拠地です。多くの空手道を愛する人たちがハワイにやって来て共に練習しています。空手道を通じて英語の勉強もしませんか？　英語は世界どこへ行っても必要な世界共通語です。英語と空手道、共にしっかり学んで下さい。

【PROFILE】

George Kotaka（ジョージ・コタカ）
1977 年 7 月 28 日生まれ。
アメリカ・ハワイ州ホノルル出身の日系アメリカ人。父親は昭和 37 年、全日本空手道選手権大会で優勝している小高忠三先生（国際空手道連盟 The International Karate Federation, IKF 会長）。小高家の長男で、一人姉が居る。3 歳の時から父親のもとで空手道を始めた。人間離れした驚異的なバネとスピードと瞬発力で圧倒的な強さを誇る。
2002 年 WKF 第 16 回世界空手道選手権大会・男子組手－65 ㎏級チャンピオン
2008 年 WKF 第 19 回世界空手道選手権大会・男子組手－65 ㎏級チャンピオン
その他多くのアメリカでの大会で勝利し続け、全米チャンピオンを長年継続している。

■ ルール(Confirmation of the Rules)に関しての確認① 形試合
カンファメイション オブ ザ ルールズ

At the Administration Meeting　アット ザ アドミニストレイション ミーティング
（監督会議にて）

An Announcement of Kata Chief Judge　アン アナウンスメント オブ カタ チーフ ジャッジ
（形主審からのアナウンス）

The contestants have to perform the compulsory (SHITEI) Kata
ザ コンテスタント ハブ トゥ パーフォーム ザ カンパルサリー（シテイ）カタ

in the first round.　From the second round, the contestants
イン ザ ファースト ラウンド。フローム ザ セカンド ラウンド、ザ コンテスタント

may perform a free selection (TOKUI) Kata.
メイ パーフォーム ア フリー セレクション（トクイ）カタ。

1回戦は指定形を行って下さい。
2回戦以降は自由形（得意形）です。

In the Finals of the Team Kata Competition, the team needs to
イン ザ ファイナルズ オブ ザ ティーム カタ コンペティション、ザ ティーム ニーズ トゥ

perform a demonstration of the meaning of the Kata (BUNKAI).
パーフォーム ア デモンストレーション オブ ザ ミーニング オブ ザ カタ（ブンカイ）。

The time allowed for the BUNKAI demonstration is five minutes.
ザ タイム アラウド フォー ザ ブンカイ デモンストレーション イズ ファイブ ミニッツ。

If any team exceeds five minutes, it will be disqualified.
イフ エニイ ティーム イクシーズ ファイブ ミニッツ、イット ウィル ビー ディスクワラファイド。

団体形の決勝戦は分解を行って
下さい。ただし、分解の時間は
5分以内で、5分を過ぎれば失格
となります。

The contestants have to perform as provided by the Shitei Kata.
ザ コンテスタンツ ハブ トゥ パーフォーム アズ プロバイデッド バイ ザ シテイ カタ。

Any contestant performing a variation of the Shitei Kata,
エニイ コンテスタント パーフォーミング ア ベアリエイション オブ ザ シテイ カタ、

will be disqualified.
ウイル ビー ディスクワラファイド

指定形は指定どおり行って下さい。
その指定形を変化して行った場合、
その競技者は失格となります。

Any contestant who comes to a halt during the performance or
エニイ コンテスタント フー カムズ トゥ ア ホルト デュアリング ザ パフォーマンス オア

performs an ineligible Kata, or repeats a Kata, will be disqualified.
パフォームズ アン イネリジャブル カタ、オア リピーツ ア カタ、ウイル ビー ディスクワラファイド。

形の演技中、止まったり、不適当な
形を行ったり、同一の形を行ったり
した場合は失格となります。

今日のレッスン

◎回が進むにつれて内容が難しくなってきています。しかし、海外で試合会場に行くと、英語が出来ない日本人のことなどまったく気にもしてもらえません。上記のようなアナウンスがされ、それを理解しないと試合の勝敗に関わってきます。試合はWKFの審判ルールに従っていますが、時には微妙な変更や注釈がつくことがあります。それが落とし穴となりますので、英語で理解できるよう勤めましょう。

◎指定形は「Shitei Kata」と日本語で言いますが、英語での表現は「Compulsory Kata」と表現し、自由形は「Tokui Kata」と日本語で言い、英語での表現は「Free Selection Kata」と言います。

◎形の分解は「Bunkai」と言い、英語では、「The Meaning of Kata」と言います。

◎「失格」は disquafify ディスクワラファイ。「時間が超過する」などの場合は cxceed イクシード を使います。

◎variation (名詞)ベアリエイション は「変化」で、動詞はvary ベアリー「変化する」です。

The pen is mightier than the sword.

ザ ペン イズ マイティアー ザン ザ スォード

「ペンは剣より強し」　または　「文は武より強し」

「知識・知性・教養は武力に勝る」というようにも取れるし、「書かれた文章は武力に勝る」という意味にも取れます。また「文章を書く能力は武力に勝る」という意味にも取れます。とにかく、身体だけを鍛え、強くしてもそれだけでは駄目だということをここで述べています。

また、勉強だけをしていても生きていく上で必要な逞しさは育ちません。「ペンは剣より強し」は比喩的表現で、両方が重要だけれども、知識のない武力はただの暴力で、正しい武力は豊富な知識の上に成り立っているということを物語っているのです。身体を鍛え、勉強も怠ることなく精進しましょう。

★ちょっと文法

mightier マイティアー は、mighty マイティー 「強い（形容詞）」の比較級です。A is mightier than B で、「AはBよりも強い」という意味です。通常「～は～より強い」という場合は、 strong の比較級、stronger を使い、A is stronger than B といいますが、この場合は、文語的表現なので、mightier を使っています。

★名称を覚えましょう。英語で覚える、「段位の名称（序数）」

1 st Dan	ファースト　ダン	初段
2 nd Dan	セカンド　ダン	二段
3 rd Dan	サード　ダン	三段
4 th Dan	フォース　ダン	四段
5 th Dan	フィフス　ダン	五段
6 th Dan	シックスス　ダン	六段
7 th Dan	セブンス　ダン	七段
8 th Dan	エイス　ダン	八段
9 th Dan	ナインス　ダン	九段
10 th Dan	テンス　ダン	十段

各国の空手道経験者なら「Dan」ダンで理解しますが、ある地域では、
～degree black belt　～ディグリー　ブラック　ベルト　と表現します。
例えば、First degree black belt 「初段」や、Second degree black belt 「二段」のように、黒帯であるということを強調し、空手道を詳しく知らない人にも分かるように表現します。degree とは、「階級、称号、程度」のことを言い、第1段階の黒帯、第2段階の黒帯というように表現しています。

柔道の場合、初段～五段は、黒帯
六段～八段は、紅白帯
九段～十段は、紅帯

空手道の場合は柔道のように紅白帯や紅帯は使用せず、黒帯のみを使用しています。

●SCENE. 16 （六段レベル）

■ルール(Confirmation of the Rules)に関しての確認②

形試合・息吹音は減点

At the Administration Meeting アット ザ アドミニストレイション ミーティング
（監督会議にて）
An Announcement of Kata Chief Judge アン アナウンスメント オブ カタ チーフ ジャッジ
（形主審からのアナウンス）

When the competitors perform their Katas,
ホエン ザ コンペティターズ パーフォーム ゼア カタス、

try not to make Ibuki sounds.
トライ ノット トゥ メイク イブキ サウンズ。

A reasonable amount of noise will not result
ア リーズナブル アマウント オブ ノイズ ウイル ノット リザルト

in a points penalty, but if the noise is
イン ア ポインツ ペナルティー、バット イフ ザ ノイズ イズ

excessive some points may be deducted.
イグセッシブ サム ポインツ メイ ビー ディダクテッド。

When the Ibuki noise is produced as a natural
ホエン ザ イブキ ノイズ イズ プロデューツツ アズ ア ナチュナル

result of performing good techniques, this is OK;
リザルト オブ パーフォーミング グッド テクニックス、ディス イズ オーケー、

but if the competitors make the noise by snapping
バット イフ ザ コンペティターズ メイク ザ ノイズ バイ スナッピング

the gi-on purpose, points may be deducted.
ザ ギ オン パーパス、ポインツ メイ ビー ディダクテッド。

競技者が形を行う時、息吹音を出さないように

して下さい。

少しくらいなら減点対象になりませんが、

出し過ぎると減点対象になります。

技が決まって自然とでる音は問題ありませんが、

道着でわざとらしく音を出すと減点対象になり

ます。

今日のレッスン

◎日本の武道は、単なるスポーツと異なり、極限で生死を懸ける武術です。その高度な技の中には無駄な動作や音は必要ありません。そのような動作や音を出している余裕はないのです。究極な技になればなるほど技は単純化していきます。見栄えのするような技や雑音は己の死を意味するのです。

◎居合道では素早く、そして最短距離を通って、極力音を出さずに瞬時に相手を切り、納刀します。顔の表情を変えることなく、無駄な力を使わず、ただ静寂の中で相手を切り、平然として刀を納めるのです。「人を切る」という行為を極めていくと無駄のない究極の居合道になるのです。

◎空手道の形も同じで、「バシバシ、ドンドン」と音を立て、口で「シュッ・シュッ」と音を出し、格好良く見せるために、余分な動きや大き過ぎる動きは武道の面から考えるとまったく無駄な動作ということになってしまうのです。

◎形の試合に勝つ人は、その人の練習度、熟練度を認められて勝利します。口で「シュッ・シュッ」と音を出したり、道着で「バシバシ」音を出して格好が良いから勝利しているのではありません。形を行う時は、生死を賭けた戦いを想定し、いかに余分なものを排除するかを考えて行って下さい。

◎日本語では、形を「打つ」とよく言いますが、英語での表現は perform パーフォーム「演じる」を使います。「いぶき」はそのまま ibuki イブキ と言い、息吹音のことを ibuki sounds イブキ サウンズと言います。
　excessive イグセッシブは「度を超した、過度の、極端な」という意味で、deduct ディダクトは「差し引く」で、点数や評価を差し引くという意味で使われます。

Spare the rod and spoil the child.

スペアー ザ ロッド アンド スポイル ザ チャイルド

「ムチを惜しめば子供は駄目になる」

「かわいい子には旅をさせろ」

　教師の体罰が禁止されたことにより、生徒がどんな悪いことをしても手出しができない状態になってきています。もちろん感情で手を出すような悪質な教師も存在しますが、頭から体罰が禁止されると、それを逆手に取るような生徒や保護者も出てくるのではないでしょうか。感情で叱るのではなく、愛情を持って接し、生徒のためを考え叱る時にはしっかりと叱る、そうすれば生徒にも保護者にも理解してもらえるはずです。子供はしっかりとしつけ、やって良いことと悪いことを大人が教える必要があります。愛情を持って厳しくしつけるのが大人の役目だと思います。

★ちょっと文法

　spare スペアー には「予備の」という形容詞の意味があるが、ここでは動詞の「惜しんで使わない・節約する」という意味で使われている。　rod ロッドは「ムチ」、spoil スポイル は「駄目になる、台無しになる」。　and は等位接続詞で、〈命令文＋and〉：「～しなさい、そうすれば」という意味になります。

★名称を覚えましょう。　英語で覚える、「道着の名称」

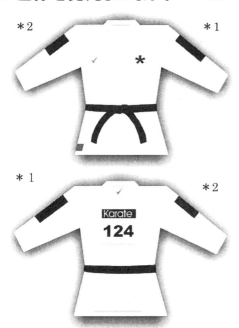

上着：　Karate gi top
　　　　カラテ　ギ　トップ

ズボン：　Karate gi bottom
　　　　　カラテ　ギ　ボトム

帯：　Belt　　ベルト
赤帯：Red belt　レッド　ベルト
青帯：Blue belt　ブルー　ベルト

袖(そで) ：　Sleeve　スリーブ

裾(すそ) ：　Hem　ヘム

＊1　　−ADVERTISING SPACE FOR WKF, size 20×10cm.
　　　　　　世界空手道連盟の広告スペース

＊2　　−ADVERTISING SPACE FOR N.F., size 15×10cm.
　　　　　　各国連盟の広告スペース

Karate 124　−BACK RESERVED FOR ORGANISING FEDERATION, size 30×30cm.
　　　　　　大会開催国連盟のゼッケン

＊　−EMBLEM OF THE NATIONAL FEDERATION, size 12×8cm.
　　　各国連盟の紋章（国旗）

✓　−SPACES FOR THE MANUFACTURERS TRADEMARK, size 5×4cm.
　　道着製造会社の紋章

●SCENE. 17 （六段レベル）

■ルール(Confirmation of the Rules)に関しての確認③

組手・時間とポイント数

At the Administration Meeting アット ザ アドミニストレイション ミーティング
（監督会議にて）
An Announcement of Kumite Chief Judge アン アナウンスメント オブ クミテ チーフ ジャッジ
（組手主審からのアナウンス）

The duration of the Kumite bout is defined as
ザ デュレイション オブ ザ クミテ バウト イズ ディファインド アズ

three minutes for Senior Male Kumite
スリー ミニッツ フォー シニア メール クミテ

(both team and individual) and two minutes
（ボース ティーム アンド インディビデュアル）アンド ツゥ ミニッツ

for Women's, Junior, and Cadet bouts.
フォー ウイミンズ、ジュニア、アンド カデット バウツ。

組手の競技時間は、成人男子が3分（団体と個人共）、女子、ジュニア、及び、カデットは2分です。

The timing of the bouts starts when the Referee
ザ タイミング オブ ザ バウツ スターツ ホエン ザ レフリー

gives the signal to start, and stops each time
ギブス ザ シグナル トゥ スタート、アンド ストップス イーチ タイム

the Referee calls "YAME".
ザ レフリー コールズ "ヤメ"。

試合時間の時間計測は、主審が開始の合図をした時から始まり、「やめ」の声がかかる度に時計を中断します。

The timekeeper shall give signals by a clearly
ザ タイムキーパー シャル ギブ シグナルズ バイ ア クリアリー

audible gong, or buzzer, indicating "10 seconds to go"
オーダブル ゴング、オア ブザー、インディケイティング "テン セカンズ トゥ ゴー"

or "time up".
オア "タイム アップ"。

時間記録係は、はっきりと聞こえるゴングまたはブザーで「終了10秒前」及び、「終了」の合図をします。

The "time up" signal marks the end of the bout.
ザ "タイム アップ" シグナル マークス ジ エンド オブ ザ バウト。

「終了」の合図は、競技終了を意味します。

Scores are called as : IPPON for One Point.
スコアーズ アー コールド アズ：イッポン フォー ワン ポイント、

NIHON for Two Points, SANBON for Three Points.
ニホン フォー ツー ポインツ、サンボン フォー スリー ポインツ。

得点は1ポイントを1本、2ポイントを2本、3ポイントを3本と発声します。

今日のレッスン

◎世界大会の試合のルールに関しては、コーチ、監督、選手はすべて理解しているはずですが、それを英語でペラペラやられたら、何が何だかわからなくなり、取り残されたような気持ちになります。そして、平常心を維持出来なくなり「迷い」が生じ、それが原因で不利な勝敗に繋がる結果となることがあります。しっかり英語を勉強して、欧米人と対等に会話ができるようにならなければ満足のいく試合結果は得られないでしょう。

◎日本では1ポイントを「有効」、2ポイントを「技あり」、3ポイントを「1本」と言っていますが、世界ルールは1ポイントは「1本」、2ポイントは「2本」、3ポイントは「3本」と言っています。

◎duration デュレイション は「競技時間」、bout バウト は「1試合・取り組み」、define ディファイン は「定める、定義する、決める」、audible オーダブル は「聞こえる、聞き取れる」。

To lose patience is to lose the battle.

トゥ ルース ペイシャンス イズ トゥ ルース ザ バトル

「忍耐を無くすことは戦いに負けることである」

　「耐える」ということは何事においても必要なことで、「人生すべてが耐えることから始まる」、と言っても過言ではありません。忍耐力に欠けるからこそすべての問題が生じてきます。交通違反や事件や事故、すべてが忍耐力をなくしたがため起こることがほとんどです。そこで「ぐっ」と堪えていれば起こらなかった問題がいかに多いことでしょうか。

　空手道において、この「忍耐を無くすことは戦いに負けること」は、試合中のことではなく、試合にいたるまでのプロセスのことです。どれくらい苦しみに耐えて、人には出来ないような練習を日々積み重ねていくかということが問題なのです。忍耐なくしての勝利はありえません。

★ちょっと文法

　to lose は「to＋動詞の原形」で、lose「失う」の前に to が付いて、不定詞の名詞的用法で「失うこと」と訳します。patience は「忍耐」で、「忍耐を失うことは…」という意味で、主語の働きをしています。それに対して、to lose the battle 「戦いに負けること」は同じ to 不定詞ですが、補語としての役割で、S＋V＋Cの第2文型になっています。　To see is to believe.「見ることは信じること」と同じです。

★名称を覚えましょう。英語で覚える、「プロテクターの名称」

■Karate Face Protector
　　カラテ・フェイス・プロテクター「メンホー」
■Chest Protector
　　チェスト・プロテクター　「胴プロテクター」
■Karate Mitt
　　カラテ・ミット「拳サポーター」
■Groin Cup
　　グローイン・カップ　「ファウル・カップ」
■Mouth Guard
　　マウス・ガード「マウスピース」
■Shin Guard
　　シン・ガード「すね当て」
■Instep Guard
　　インステップ・ガード「足甲当て」

　頭部を守るプロテクターには、ヘッド・ギヤーというものもありますが、空手のメンホーは主に頭部よりも顔を保護するように出来ていますので、フェイス・プロテクターと呼ぶ方が適切でしょう。「拳サポーター」は フィスト・プロテクターとも言います。グローインは「睾丸」のことで、それを守るカップということです。日本ではマウスピースと呼んでいますが、欧米ではマウス・ガードと呼んでいます。シンは「すね」、インステップは「足の甲」の部分です。

■ルール(Confirmation of the Rules)に関しての確認④

組手・スキンタッチ

At the Administration Meeting アット ザ アドミニストレイション ミーティング
（監督会議にて）

The contestants must perform all techniques
ザ コンテスタンツ マスト パーフォーム オール テクニクス

with control and good form. If they cannot, then
ウイズ コントロール アンド グッド フォーム。イフ ゼイ キャンノット、ゼン

regardless of the technique used, a warning
リガードレス オブ ザ テクニック ユーズド、ア ワーニング

or penalty must be imposed.
オア ペナルティー マスト ビー インポーズド

競技者は、コントロールされた良い姿勢で技を出さなければならない。さもなければ、誤って技が使われたかどうかにかかわらず、忠告又は、罰則が課せられる。

For Senior and Junior competitors, non-injurious,
フォー シニア アンド ジュニア コンペティターズ、ノン・インジュアリアス、

light, controlled "touch" contact to the face, head,
ライト、コントロールド "タッチ" コンタクト トゥ ザ フェイス、ヘッド、

and neck is allowed but not to the throat.
アンド ネック イズ アラウド バット ノット トゥ ザ スロート。

シニア及びジュニア競技者の場合、顔面、頭部、首への接触が負傷させるものではなく、コントロールされた軽いもの「タッチ」であれば許される。ただし、喉は除く。

For Cadets, should the glove touch the target
フォー カデッツ、シュッド ザ グローブ タッチ ザ ターゲット

the Referee's Panel will not award a score.
ザ レフェリーズ パネル ウイル ノット アワード ア スコア。

カデットの場合、拳サポーターが攻撃部位に触れた場合、審判員は得点を与えてはならない。

Kicking techniques to the head, face and neck,
キッキング テクニクス トゥ ザ ヘッド、フェイス アンド ネック、

are allowed to make a light "skin touch" only.
アー アラウド トゥ メイク ア ライト "スキン タッチ" オンリー。

頭部、顔面、首への蹴り技は、軽い「スキンタッチ」のみであれば接触しても許される。

In the case of techniques, which make contact
イン ザ ケース オブ テクニクス、フイッチ メイク コンタクト

considered to be more than a "glove" or
カンシダード トゥ ビー モア ザン ア "グローブ" オア

"skin" touch, the Referee's Panel will give a
"スキン" タッチ、ザ レフェリーズ パネル ウイル ギブ ア

warning or penalty.
ウォーニング オア ペナルティー。

「拳サポーター」の接触または、蹴り技が「スキンタッチ」以上であった場合、審判員は忠告または、罰則を課す。

今日のレッスン

◎現在、WKF「世界空手道連盟」には１７８カ国が加盟し世界大会を行っている。　いくら空手が「日本発祥の武道」といえども、すでに日本だけのものではなくなっている。空手のルールを決定する国際会議を行った場合、票の重みは１７８分の１でしかない。日本国内では、日本の各競技団体（中空連、高体連、学連、実業団、各流派）では、ややルールが異なっていることが見受けられるが、世界大会で勝利するには日本のルールに固執していては世界の舞台では戦えない。世界のルールを理解し、世界のルールで戦い、世界のルールで経験を積み重ねていかなければ日本の空手に未来はない。

ことわざ 18

Patience is a virtue.

ペイシャンス イズ ア バーチュー

「忍耐は美徳である」

　日本の武道は西洋のスポーツと異なり、まず耐えることから始まると言って過言ではない。当然、あらゆるスポーツも苦しい練習に耐え勝利を目指すのであるが、日本の武道はそれだけではない。姿勢の正しさを求められ、正座を強いられ、「心技体一致」のように、心と身体と技の融合の重要性や、礼儀作法についても厳しく教育を受ける。武道は日本の国技「相撲」にも象徴されるように勝つだけではなく、どのようにして勝つか、その勝ち方の「正しさ」も厳しく追求される。武道とは勝つことも大事だが、人間形成を目標とした、崇高な考えの人生哲学である。今回の「忍耐は美徳である」は今の日本人にこそ求められる重要な倫理である。

★ちょっと文法

　　patience ペイシャンス は「忍耐・頑張り・根気」で名詞、文中では主語。virtue バーチュー は「美徳・徳・善・道徳的美点」で、同じく名詞で、文中では補語の役割を果たしている。S＋V＋C　第3文型。

★名称を覚えましょう　英語で覚える、「コート」の名称

■The competition area　ザ コンペティション エァリア「試合会場」
■Arbitrator　アーバトレイター　「監査」
■Referee　レフェリー「主審」
■Judge　ジャッジ「副審」

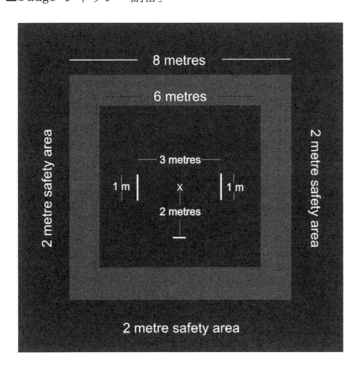

組手試合用コート・レイアウト

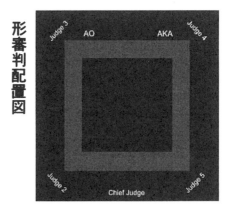

形審判配置図

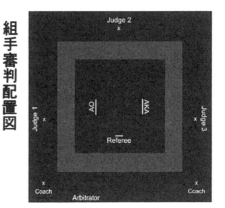

組手審判配置図

106

●SCENE. 19 （六段レベル）

■ルール(Confirmation of the Rules)に関しての確認⑤

組手「テンカウント・ルール」

At the Administration Meeting アット ザ アドミニストレイション ミーティング
（監督会議にて）
An Announcement of Kumite Chief Judge アン アナウンスメント オブ クミテ チーフ ジャッジ
（組手主審からのアナウンス）

Any competitor who falls, is thrown, or is knocked down, and
エニイ カンペティター フー フォールズ、イズ スローン、オア イズ ノックト ダウン、アンド

does not fully regain his or her feet within ten seconds is
ダズ ノット フーリー リゲイン ヒズ オア ハー フィート ウイズイン テン セカンズ イズ

considered unfit to continue fighting and will be automatically
カンシダード アンフィット トゥ カンティニュー ファイティング アンド ウイル ビー オートマティカリー

withdrawn from all Kumite events in that tournament.
ウイズドローウン フロム オール クミテ イベンツ イン ザット トーナメント。

倒れたり、投げられたり、または ノックダウンされ、１０秒以内 に立ち上がれなかった競技者は、 競技続行不可能とみなされ、自 動的にその大会期間中、全ての 組手競技への出場が不可能 となる。

In the event that a competitor falls, is thrown, or is knocked
イン ザ イベント ザット ア カンペティター フォールズ、イズ スローウン、オア イズ ノックト

down and does not regain his or her feet immediately,
ダウン アンド ダズ ノット リゲイン ヒズ オア ハー フィート イミーディアトリー、

the referee will signal to the timekeeper to start the ten
ザ レフェリー ウイル シグナル トゥ ザ タイムキーパー トゥ スタート ザ テン

second count-down by a blast on his whistle;
セカンド カウントダウン バイ ア ブラスト オン ヒズ ホイッスル

倒された、またはノックダウンさ れた競技者がすぐに立ち上がる ことができなかった場合、主審 は笛を吹くことにより、時計係 に１０秒カウントを促す。

at the same time calling the doctor, if required.　The time
アット ザ セイム タイム コーリング ザ ドクター、イフ リクワイアード。ザ タイム

keeper will stop the clock when the referee raises his arm.
キーパー ウイル ストップ ザ クロック ホエン ザ レフェリー ライズィズ ヒズ アーム。

と同時に必要であれば、ドクター を呼ぶ。主審が腕をあげた時、 時計係は時計を止める。

今日のレッスン

◎「テン・カウント」ルールは選手にとって理解しにくく、審判員にとっても行いにくいルールです。 しかし、国際大会では頻繁に行われているので、正しく理解しておくことが大切です。

◎日本における空手道の審判員はすべてノンプロで、試合に招かれ審判を行ったとしても、支給され るのは交通費のみで、審判員の技術に対する報酬というものはありません。日本国内において全国 審判員資格や全国A級を取るのも、また海外に行き国際審判員の試験を受けたりするのもすべて自 費です。ですから国際審判員になることは大変なことで、莫大な費用がかかり、すべて自費なので す。よほどお金に余裕のある人にしか出来ないことです。

◎しかし、海外において多くの国にはプロの審判制度があり、そういった審判員になるための費用 は国が支給したり、審判員になってもプロであれば、非常に高い報酬が与えられることがあります。 審判員として生計を立てることが出来、またそれ相応の地位と名誉が与えられます。日本と外国で は大きな違いがあり、世界の空手が強くなるにはそれ相応の理由があるのです。

◎選手にも多額の賞金が贈られ、大きな大会で勝つことが大きな意味を持つのです。日本ももう少し 選手や審判員に対する待遇が良くなればいいのですが…。

A handful of patience is worth more than a bushel of brains.

ア　ハンドフル　オブ　ペイシャンス　イズ　ワース　モァ　ザン
ア　ブッシェル　オブ　ブレインズ

「一握りの忍耐は多量の頭脳よりも価値がある」

　勉強は当然必要なこと。しかしそれと同時に人として生きていく上で大切なことは、様々な辛苦に直面しても耐え抜くだけの忍耐力を養うことです。勉強は知識を身に付けるための作業です。その過程である種の我慢強さは身に付くでしょう。しかし、毎日の生活の中で自己の目標を定めやり続け、そして人の話にも素直に耳を傾ける中で、真の忍耐力が身に付き人間力が養われます。そして学んだ知識はより深い教養として、その人を輝かせるものとなります。禅の言葉で「一所懸命」という言葉があります。「一生懸命」の本来の言葉です。禅は一つの所に座り続け修行を積むものですが、一点に精神を集中することによって全体を見る精神力を養い、毎日広範囲の禅寺で力を込めて掃除することによって身体を鍛えます。肉体と精神を鍛え上げ、心を研ぎ澄ますのが禅なのです。禅のごとくただ耐え続けるのも一つの道を成就する方法ではないでしょうか。

★ちょっと文法

　a handful of ～ 「一握りの～」、patience「忍耐・頑張り・根気」、a bushel of ～「多量の～」、brains「頭脳」の複数形。　is は be 動詞で「～である」。A is worth more than B は「AはBよりも価値がある」。　S＋V＋Cの第2文型。

★名称を覚えましょう　英語で覚える、「試合会場」の名称

■The gym
　ザ ジム「体育館」
■The gym for the competition
　ザ ジム フォー ザ カンペティション「試合会場」
■Competitor's workout area
　カンペティターズ ワークアウト エアリア「練習場所」
■Competition area
　カンペティション エアリア「コート」
■Information desk
　インフォメーション デスク「受付」
■Seating for referees and judges
　シーティング フォー レフェリーズ アンド ジャッジス「審判席」
■Auditorium
　オーダトーリアム「観客席」
■Seating for honored guests
　シーティング フォー オーナード ゲスツ「貴賓席」
■Seating for officials
　シーティング フォー オフィシャルズ「役員席」
■Coach's seat
　コーチズ シート「コーチ席」
■Antechamber
　アンティチャンバー「選手控室」
■Platform of honor
　プラットフォーム オブ オーナー「表彰台」

●SCENE. 20 (七段レベル)

■コーチとしての異議申し立て①
得点表が間違っている。(組手試合続行中)

Official protest by The Coach.　(There is a mistake on the scoreboard)
オフィシャル プロテスト バイ ザ コーチ。(ゼア リズ ア ミステイク オン ザ スコアーボード)

The Coach :　　　　　　　　　　　　　　　　コーチ :
ザ コーチ :
(to the Match Area Controller)　　　　　　　（コート主任に対して）
(トゥ ザ マッチ エァリア コントローラー)
Stop!　Stop fighting!　(raises his hand to stand out)　　やめ！　試合を中断して下さい。
ストップ！ ストップ ファイティング！ (ライズィズ ヒズ ハンド トゥ スタンド アウト)　　（手を大きく上げて）
The Scoreboard is wrong.　　　　　　　　　　スコアボードが間違っています。
ザ スコアーボード イズ ゥロング。
The point of Aka (Ao) was not scored.　　　　赤（青）のポイントが入っていない。
ザ ポイント オブ アカ (アオ) ワズ ノット スコアード。
One point of middle punch which Aka (Ao) got was not　赤（青）が取った<u>中段突きの１ポイント</u>が
ワン ポイント オブ ミドル パンチ フイッチ アカ (アオ) ゴット ワズ ノット
scored on the scoreboard.　　　　　　　　　　スコアボードに入っていません。
スコアード オン ザ スコアーボード。

(After correcting the score by the scorer.)　　（記録係りが訂正後）
(アフター コレクティング ザ スコアー バイ ザ スコアラー)
OK!　Please continue the fight.　　　　　　　いいです、続けて下さい。
オーケー！ プリーズ コンティニュー ザ ファイト。

今回のレッスン

◎得点表が間違っているのに、試合がそのまま続行されている場面をしばしば見かけることがあります。監査、審判、コーチ、選手全員が気付かずに試合が進行し、途中で観戦している誰かが「得点表が間違っている」と申し出てコートの全員が慌てる、ということが事実あるのです。

◎２００４年のアテネ・オリンピックで金メダルを期待された女子レスリングの浜口京子選手は、準決勝で敗れ銅メダルに終わりました。その準決勝の試合中、電光掲示板のスコアが途中で２転３転しました。しかし、その時点でも試合は止められることなく続行されたのです。浜口選手は後のインタビューでスコアの間違いに関して質問され、「負けは負けです」と素晴らしい意見を述べていましたが、スコアが間違っている時点で試合を一時中断し、スコアボードの表示を正しくしなければならないはずです。小さいことが試合の勝ち負けを左右するのですからスコア表示は重要です。

◎２０００年のシドニー・オリンピックで男子１００キロ超級の篠原信一選手は、決勝戦で相手に「内股すかし」をかけましたが、間違って相手側にポイントが入ってしまったのです。審判に「すかし」という返し技を見極める能力がなかったために、それが認められず敗れ、銀メダルに終わってしまったのです。この試合は、日本国内で大変な物議をかもしましたが、「主審が畳を降りたら、判定は覆らない」ということで異議申し立ては通らなかったのです。コーチは瞬時に判断し、速攻で異議を申し立てなければなりません。

◎コーチが付いていればコーチの責任は重要で、スコアボードの表示はもちろんのこと、すべてのことに注意を払い選手の世話をしなければなりません。まして世界大会となると英語力が必要とされ、黙っていれば不利になるケースが多くあります。通訳を通していてはしっかりとした意見を伝えることが出来ないので、コーチ自身がしっかりとした英語力を身に付け、直接堂々と意見を述べる必要があるのです。

Take the lead, and you will win.

テイク ザ リード, アンド ユー ウイル ウイン

「先手必勝」

　審判をやっていて感じることは、先手を取った側がほとんど勝っているということです。受けに回ればまず勝ち目はなく、攻め入ってこそ勝機があるというものです。相手が攻撃してくるのを捌いて取るという方法は、実力に差があり、待っている側が攻撃を仕掛ける側よりも実力が上回っているという場合には有効です。相手に先に攻撃をさせると相手のペースで試合が進むことになるので、自分から進んで攻撃をしかけ、自分のペースで試合運びをする方が得策でしょう。

★ちょっと文法

　「命令文 , and…」は 「〜しなさい、そうすれば」という意味で、and の注意すべき用法です。Take the lead, 「先手を取れ」という命令文で、「 , and you will win. 」は「そうすればあなたは勝つだろう。」ということになります。 If you take the lead, you will win. というように if を使って書き換えることもできます。 等位接続詞 and が結びつけた「S＋V＋O」と「S＋V」の重文。

★名称を覚えましょう　英語で覚える、「約束組手で使う英語表現」

■Pre-arranged fighting プリ アレンジド ファイティング「約束組手」
■Basic fighting　ベーシック　ファイティング「基本組手」
■Practice fighting　プラクティス　ファイティング「練習組手」
■One-step sparring　ワンステップ　スパーリング「一本組手」
■Five-step sparring　ファイブステップ　スパーリング「五本組手」
■Ready Position　レディ ポジション「用意」
■On Guard　オン ガード「構え」
■Return to Starting Position リターン トゥ スターティング ポジション「やめ、元の位置」
■Middle Attack　ミドル　アタック「中段攻撃」
■Upper Attack　アッパー　アタック「上段攻撃」
■Middle Punch　ミドル　パンチ「中段突き」
■Upper Punch　アッパー　パンチ「上段突き」
■Downward Block　ダウンワード　ブロック「下段払い」
■Middle Block　ミドル　ブロック「中段受け」
■Upper Block　アッパー　ブロック「上段受け」
■Foot Sweeping　フット　スイーピング「足払い」

「組手」を英語では：　「ファイティング」という場合と、「スパーリング」という場合の
　両方が使われています。

■コーチとしての異議申し立て②
団体戦でポイント数がおかしい。（団体組手試合終了直後）

Official protest by the Coach②. The points are wrong at the team Kumite.
オフィシャル プロテスト バイ ザ コーチ② ザ ポインツ アー ウロング アット ザ ティーム クミテ。

(Right after the Team Kumite ends.)
ライト アフター ザ ティーム クミテ エンズ。

The teams have won the same number of bouts. Determine how many points each team has been awarded. Right after the winner's pronouncement by the referee. (to the Match Area Controller)
ザ ティームズ ハブ ウオン ザ セイム ナンバー オブ バウツ。ディターミン ハウ メニー ポインツ イーチ ティーム ハズ ビーン アウォーデッド。 ライト アフター ザ ウイナーズ プラナウンスメント バイ ザ レフェリー。（トゥ ザ マッチ エアリア コントローラー）

勝者同数、ポイント数での勝敗決定。 主審による勝利宣告の直後（コート主任に対して）

The Coach : Wait a minute! ザ コーチ： ウエイト ア ミニッツ！	コーチ：待って下さい。
(raises his hand to attract attention) （レイジィズ ヒズ ハンド トゥ アトラクト アテンション）	（目立つように手を上げて）
The referee said that the other (Ao, Aka) team won, ザ レフェリー セッド ザット ジ アザー（アオ、アカ）ティーム ウオン、	相手（青・赤）の勝ちとレフリーの宣
but that's wrong. Each team has won the same number バット ザッツ ゥロング。 イーチ ティーム ハズ ウオン ザ セイム ナンバー	告があったが、それはおかしい。
of bouts. However, when I count the points that オブ バウツ。 ハウエバー、ホエン アイ カウント ザ ポインツ ザット	勝ち数は同じだが、ポイントを計
have been awarded, we should be the winner. ハブ ビーン アウォーデッド、ウイ シュッド ビー ザ ウイナー。	算すると、我々のチームの勝ちの
You need to re-calculate the points. ユー ニード トゥ リキャーキュレイト ザ ポインツ。	はずです。計算し直して下さい。
(After re-calculating the points.) （アフター リキャーキュレイト ザ ポインツ。）	（記録係りが再度計算後）
Referee : We were wrong, sorry about that. レフェリー：ウイ ワー ゥロング、ソーリー アバウト ザット。	主審：すみません、間違っていたようです。
Your team has won. ユア ティーム ハズ ウオン。	あなた達のチームの勝ちです。
The Coach : Thank you. ザ コーチ ： センキュー。	コーチ：ありがとうございました。

今回のレッスン

◎間違いは記録係、審判、監査を含め誰にでもあるものです。１００パーセント信じていたら、勝てたはずの試合で負けてしまう、というような痛い目に遭ったりする場合があります。まず何事も疑ってかかりましょう。他人に任せていたら大変なことになってしまいます。

◎団体戦の場合、コーチは選手たちがどんな技を使い、ポイント数は誰が何ポイント取ったのか、Ｃ１、Ｃ２は何が何回あったのかをしっかり把握し、覚えておかなければなりません。レフリーや記計に間違いがあった場合、またその間違いに監査が気付かない場合は、間をあけずに即、異議申し立てをしなくてはなりません。そのタイミングと度胸と、明晰な英語力がコーチには要求されます。

◎試合終了直後、出された判定に納得が行かない場合、審判、副審判、監査をコートから降ろしてはいけません。審判団がコートから降りてしまえば出された判定はどうあがいても覆りません。ですからその場で即、意義を申し立て、言いたいことのすべてを述べ、判定を正さなければなりません。

Don't forget your first resolution.

ドント　フォ　ゲット　ユア　ファースト　レザルーシャン

「初心忘れるべからず」

　　motivation モゥタベーシャン（和製英語では、モチベーションと発音、ただし外国人には通じない。）「動機付け」を持ち続けることは大変難しく、誰もが途中で、やる気をなくし、止めてしまいたくなったりします。練習を繰り返しても、なかなか思ったほど伸びず、伸び悩みしたりすることがあります。また子供の時から空手道を習い、将来有望視された生徒が突然受験のためとか、他にしたいことが見つかったという理由で空手道をやめてしまうことがあります。教える側としては非常につらい思いをすることもしばしばです。何かの魅力に惹かれて始めた空手道を途中で止めてしまうのは非常に残念なことです。初心を忘れずいつまでも初々しい気持ちで、一生空手道を続けたいものです。

★ちょっと文法

　　Don't forget は否定形の命令文で「忘れるな」という意味です。前に Don't を付けずに Forget だけだったら、肯定形の命令文で「忘れろ、忘れてしまえ」と言うことになります。your first resolution は、「あなたの最初の」 resolution 「決意、決心、意志、決断」という意味です。Ｓ＋Ｖ＋Ｏの第３文型。

★名称を覚えましょう　英語で覚える、「自由組手で使う英語表現」

世界大会に出場すると、ルールはすべてＷＫＦ(World Karate Federation)
のルールです。組手のポイントも６ポイントや８ポイント先取りではなく、
８ポイント差です。時間も成人男子で３分間フルタイム、女子とカデットでは２分間のフルタイムと、日本で行っている試合とは大変異なる場合が多いのです。

日本でのポイントは、有効（１ポイント）、技有り（２ポイント）、１本（３ポイント）と主審は呼んでいますが、ＷＫＦではすべて、「１ぽん（１ポイント）、２ほん（２ポイント）、３ぼん（３ポイント）」と呼び、有効、技有りとは言わず、日本で言う「１ぽん」は、ＷＫＦのルールでは「３ぼん」に値するのです。

■Syobu hajime 　「勝負始め」
■Yame 　「やめ」
■Encyosen Hajime「延長戦始め」
■Hantei 　「判定」
■1 pon イッポン　「有効」
■2 hon ニホン　「技有り」
■3 bon サンボン「１本」
■Kumite 　「組手」
■Fight ファイト「戦う（動詞）」
■Fighting ファイティング「戦い（名詞）」
■Spar スパー　「戦う、スパーリングする（動詞)」
■Sparring スパーリング　　　「戦い、スパーリング（名詞)」

●SCENE. 22 〈七段レベル〉

■コーチとしての異議申し立て③
相手が規定外のプロテクターを使用している（試合直前）

Official protest by the Coach③　An opposing team is using hard shin pads which are not approved by the WKF rules. (Right before the Kumite tournament.)

オフィシャル プロテスト バイ ザ コーチ③ アン アポージング ティーム イズ ユージング ハード シン パッズ フイッチ アー ノット アプルーブド バイ ザ ダブリュケイエフ ルールズ。（ライト ビフォー ザ クミテ トーナメント）

The Coach : Our opponent's team is using hard shin pads
アワ アポーネンツ ティーム イズ ユージング ハード シン パッズ

相手チームの選手が身に付けている すねパッドがWKFの規定の物と違い、

which are not approved by the WKF rules.
フイッチ アー ノット アプルーブド バイ ザ ダブリュケイエフ ルールズ。

堅い物を使っています。

They are using the correct feet protectors approved
ゼイ アー ユージング ザ コレクト フィート プロテクターズ アプルーブド

足の甲のパッドはWKFの認められて いる物ですが、すねのプロテクターは

by the WKF, but the shin pads are not, they are
バイ ザ ダブリュケイエフ、バット ザ シン パッド アー ノット、ゼイ アー

そうではありません、堅い物です。

hard ones.　Isn't it a foul?
ハード ワンズ。イズント イット ア ファウル？

あれは反則ではないですか？

Tell them to use the approved WKF type, please.
テル ゼム トゥ ユーズ ジ アプルーブド ダブリュケイエフ タイプ、プリーズ。

WKF認定の物を使用するよう、指示 して下さい。

Referee : OK!　Let me check. (After checking the pads.)
オーケー！レッツ ミー チェック。（アフター チェッキング ザ パッズ）

確認してみます。（チェックした後）

You're right.　They are using the pads which are
ユーアー ライト。　ゼイ アー ユージング ザ パッズ フイッチ アー

あなたの言う通り、規定の物ではあり ませんでした。早急に直すように指示

not approved by the WKF.　I told them to change
ノット アプルーブド バイ ザ ダブリュケイエフ。アイ トールド ゼム トゥ チェンジ

ましたので、しばらく待って下さい。

them to the right ones.　So, please wait for a while.
ゼム トゥ ザ ライト ワンズ。　ソー、プリーズ ウエイト フォー ア ホワイル。

The Coach : OK!　I understand.　Thank you very much.
オーケー！アイ アンダスタンド。サンキュー ベリー マッチ。

わかりました、ありがとうございます。

今回のレッスン

◎国際柔道連盟（IJF）の役員改選で、理事の再選を目指した山下泰裕氏が落選した。日本が恐れていた事がとうとう起こってしまった。IJFの重要ポストから日本人が一人もいなくなってしまい、重要な事を決める議決権はなくなってしまったのだ。日本人にとって柔道は単なるスポーツではなくそれは『武道』であり、『惻隠（そくいん）の心』（敗者への共感）を大切にする哲学で、勝敗は二の次である。しかし、欧州にとって「JUDO」は他のスポーツと同じで、勝つことがすべてに優先する。カラー柔道着の採用やゴールデンスコア方式の導入など、テレビを意識した様々な改革が行われてきた。いくら日本が「柔道着の白色は神聖なもの」と説明しても、「武道哲学」を理解しにくい欧州では相手にされにくい。

柔道をサッカーやテニスに負けない人気競技にしようとする欧州にとって、日本は目の上のコブで、山下泰裕氏の落選はすべて筋書き通りなのである。IJFの執行部に議決権を持つ日本の役員が一人もいなくなるということは、今後更に柔道がスポーツ化、商業化への道を突き進むことは間違いない。柔道界に起こることは空手界にも起こる可能性を十分秘めている。いかにして巧みな英語を使い武道哲学を説き、世界に理解させるかが今の空手界には必要不可欠な事なのである。

He that falls today may rise tomorrow.

ヒー リット フォルズ トゥデイ メイ ライズ トゥモロウ

「今日倒れた者は、明日立ち上がる」

　「麦踏み」とは、麦を丈夫に育てるために、春に先立って麦の芽を足で踏みつけることである。麦は踏まれて強くなるように、人間も踏まれて叩かれて強く育つ。「これはしてはいけない、あれもしてはいけない」などと言っている今の教育制度が日本人を駄目にしているように感じる。痛さ怖さを知らない若者がとんでもない犯罪を起こすのもそれが原因ではなかろうか。何か事があれば苦情、申し立てをする親がいるが、「集団によるいじめ」は別として、子供が転び、そして立ち上がる姿を黙って見守ることが、逞しい人間を作る「よすが」となるのではなかろうか。若者よ、何度も転んで挫折して、その都度立ち上がれ！

★ちょっと文法

　He は「彼は、が」という意味ですが、不定代名詞で "He that ～" 「～する人は」という意味になっています。He that falls today で「今日倒れた人は」、 may 「～かも知れない・たぶん～だろう・～することがよくある」、rise tomorrow 「明日立ち上がる・起きあがる」。He は主語、that falls today は He を修飾する修飾語で、may は助動詞、rise は自動詞で、tomorrow は rise を修飾しています。S＋Vの第1文型。

★名称を覚えましょう　英語で覚える、「形で使う英語表現」

■focus　フォーカス「決め」
■yell　イエル「気合い」
■without power　ウイズアウト　パワー「力を抜く」
■no power　ノー　パワー「力を入れない」
■with power　ウイズ　パワー「力を入れる」
■with full power　ウイズ　フル　パワー「全力で」
■grip the fist　グリップ　ザ　フィスト「拳をしっかり握る」
■tighten the muscle　タイトゥン　ザ　マッスル「筋肉を締める」
■sloppy　スラピー「決めのない」
■vertically　ヴァーティカリー「垂直に」
■horizontally　ホリゾンタリー「水平に」
■straightly　ストレイトリー「真っ直ぐに」
■sharply　シャープリー「鋭く」
■quickly　クイックリー「早く」
■slowly　スローリー「ゆっくりと」
■complete effective control　カンプリート　イフェクティブ　コントロール「緩急」
■move your body to the left 45 degree
　ムーブ　ユア　バディ　トゥ　ザ　フォーティファイブ　ディグリー「角度４５度に動け」

●SCENE. 23 （八段レベル）

■英文書類での異議申し立て①
不公平審判への抗議 「… 国の、… 審判員は、公平ではない。」

Official written protest in English①　Mr. … who is the referee from … is not fair.

Mr. 1 who is the referee from 2 does not appear to be judging fairly.　When the Japanese team members compete with the players from other countries, even if the Japanese player clearly gets points, the referee does not give us the points, and appears to be trying to give points to the opposing player.　It is not only the Japanese team who have noticed this, many other countries also admit to his bias.　This lack of impartiality should not happen in our sport, it should be fair for everyone.　So, we request the organizer of this championship to warn him strictly regarding his conduct and to not allow it to happen again, please.　Thank you for listening to our protest.

（日本語訳）

2 国の 1 審判員は公平ではない。日本チームの選手が他の国の選手と競技している時、日本選手が技を取っているにもかかわらずポイントを取ろうとせず、他の国の選手に何とかしてポイントを取らせようとしている。これは日本側からだけでなく、他の多くの国も認めていることです。このような不公平はスポーツ競技にあってはならないもので、すべての人に公平でなくてはならないはずです。ですから、大会主催者側から彼に対して、このようなことが以後ないように厳しく注意して頂きたい。私達の抗議を聞いて下さったことに感謝します。　（ 1 には審判員の個人名、 2 には審判員の国名が入ります。）

今回のレッスン

◎WKF (World Karate Federation) 世界空手道連盟（2010年現在178ヵ国加盟）の大会において、「異議申し立て」は英文での書類を大会主催者、または大会会長に提出することになっている。それも問題が発生した場合、間髪を入れず、出来る限り迅速に提出するのが望ましい。また、「異議申し立て」の書類を提出する場合、１００ドルというお金も添えて提出しなければならない。いたずらに異議申し立てすることを防ぐのがその目的である。申し立てた「異議」が正当であると認められた場合に限りその１００ドルは返還される。
この書類提出を迅速に行うには、前もってそれに類する数多くの英文書類パターンを作成し、用意しておいて、問題が起こった場合それらの書類をもとに素早く書き換えて提出するのがいいだろう。用意していなければ一々その場で英文を作成しなければならないので時間がかかってしまうし、いらない労力を使わなくてはならない。英語が苦手な日本人にとって、これほど煩わしいことはないだろう。大会にはあらゆる面で準備をして試合に挑むことが望ましい。

A kite rises against the wind.

ア　カイト　ライズィズ　アゲンスト　ザ　ウインド

「凧は風に向かって上がる」

　順風満帆というように、追い風は船や人が前に進むのをしっかり応援してくれます。しかし、向かい風も時には必要で、凧は向かい風がなければ上昇しません。飛行機もそうです。向かい風に向かって離陸し、向かい風に向かって着陸します。追い風ばかりだと失速して墜落してしまいます。人生も同じでしょう。いつも順風ばかりとは限りません。時には逆風も吹くでしょう。でもその時はその力を利用して更に上昇できるよう頑張ってみて下さい。

★ちょっと文法

　A kite は「一つの凧」（名詞・主語）、A は「ある一つの」という意味の不定冠詞。rise は「昇る」「上がる」という意味の動詞。　against the wind は主語と動詞を修飾する修飾語(modifier・マダファイア)で、against は前置詞で「〜に逆らって」「〜に向かって」。the wind は「その風」、the は定冠詞。　文型はＳ＋Ｖの第１文型。

★名称を覚えましょう　英語で覚える、「精神面の英語表現」

■concentration　カンセントレーション「精神集中」
■clear mind クリアー　マインド「無心」
■the presence of mind ザ　プレズンス　オブ　マインド「平常心」
■spirit　スピリット「魂」
■Zen philosophy　ゼン　フィロソフィー「禅哲学」
■five desires　ファイブ　ディザイアーズ「五欲」
■desire of sex　ディザイアー　オブ　セックス「性欲」
■desire of sleep　ディザイアー　オブ　スリープ「睡眠欲」
■desire of food　ディザイアー　オブ　フード「食欲」
■desire of reputation　ディザイアー　オブ　リピュテーション「名誉欲」
■desire of money ディザイアー　オブ　マネー「財欲」
■Abandon these five desires.
　　アバンドン　ジィーズ　ファイブ　ディザイアー「これら五欲を捨てる」
■Don't look; feel.　ドント　ルック；フィール「目で見るのではなく感じなさい」
■Do not think to win, think not to lose.
　　ドゥノット　シンク　トゥ　ウイン、シンク　ノット　トゥ　ルース「勝つことではなく、負けないことを考えよ」

　海外で空手道や他の武道を学んでいる人達は、目で見えるテクニックだけでなく、目に見えない東洋の武道哲学に非常に強い興味を持っています。彼らはもちろん英訳された日本の武道書を読み勉強しているのですが、日本の武道の指導者はやはり英語でそういった日本の武道哲学について話が出来、相手を理解させ、納得させるだけの技量を身に付けているほうが良いでしょう。

●SCENE. 24 （八段レベル）

■英文書類での異議申し立て②
一発失格への抗議「それほど重度の違反とは思えない。厳しすぎるのでは」

Official written protest in English②　　A protest of a direct SHIKKAKU.
"It is too severe to impose a direct SHIKKAKU, because it is not thought to be an excessive foul."

The rules state that a SHIKKAKU can be directly imposed, without warnings of any kind. But, when the Japanese team was competing with the U.S.A. team, the third competitor, whose name was Mr. Ohshita, received a SHIKKAKU without warning for a face kick.　We think this was too severe.　There was the possibility that the American competitor could have lost because of the "Ten Second Rule". On this occasion we do not agree with this direct SHIKKAKU.　We know it is no use to protest this because it is already over.　But we hope that this will never happen again.　Thank you for listening to our protest.

（日本語訳）
失格はどのような忠告もなしに直接課することができるとルールにあるが、先ほどの日本対アメリカの団体戦の3回戦、日本チーム・大下選手の「上段蹴り」に課せられた一発失格はやり過ぎだと思う。10カウントで相手が逆に負けになる可能性もあるのに、その一発失格は納得がいかない。今回は試合が終わっているのでやむをえないと思うが、以後このような事がないよう注意して頂きたい。我々の抗議を聞き入れて下さったことに感謝します。

今回のレッスン

◎WKFの公式戦でも、また会派の世界大会、学生大会やその他の世界大会でも、自国の選手や友好国の選手をなんとか勝たせようと、不公平な判定をする審判を見ることがあります。しかし、それに対して手を打たないでいると、異議申し立てが出来ない日本人として軽く見られ、相手にされず、いつも不利な判定をされてしまうといったことが起こってしまう可能性があります。こういった場合、その時は何も出来ないかも知れないですが、次回の大会のために、出来る限り英文書類でそのことを明記し、大会主催者宛に提出しておくことをお薦めします。100ドルといったお金を添え、それが戻ってくることはないかも知れませんが、次回への布石として行っておく必要があるでしょう。

Today is the first day of the rest of your life.

トゥデイ　イズ　ザ　ファースト　デイ　オブ　ザ　レスト　オブ　ユア　ライフ

「今日という日は残りの人生の第一日目である」

　毎日が人生の始まりの日であると考えると「頑張らなくっちゃ！」という気になります。過去のことを気にすると気が重くなったり、憂鬱になったりします。しかし、たとえ今までが良くてもそれに慢心せず、また悪かろうともそれを気にせず毎日を新たな気持ちで迎え、心機一転、気合いを入れて家を飛び出していくと、きっと物事がうまく回転するはずです。　幾つになっても、たとえ老人になろうとも、その日その日を人生の第1日目と考えて、毎日何かに挑戦して有意義な人生を送りましょう。

★ちょっと文法

　Today は主語、is は動詞、day は補語で、S＋V＋C の第2文型。
the first 「第1番目の」は day を修飾し、of the rest of your life 「あなたの残りの人生の〜」もすべて day を修飾する修飾語です。

「英語で書かれた武道書」
海外での武道指導者なら読んでおくべき英語で書かれた書物

1.　"Bushido" Nitobe Inazo　「武士道」新渡戸稲造

　　「武士道はその表徴たる桜花と同じく、日本の土地に固有の花である」と述べた新渡戸稲造が、武士道がいかにして日本の精神的土壌に開花結実したかを説き明かす。

2.　"The Book of Five Rings"「五輪書」宮本武蔵 、訳 Thomas Cleary

　　ブルース・リーも読んだといわれる武道書。五輪書は、剣豪・宮本武蔵がその晩年に書き記したもので、二天一流と称する自らの二刀流剣術と兵法について解説したものである。

3.　"Hagakure"「葉隠」山本常朝、訳 William Scott Wilson

　　「武士道とは死ぬ事と見つけたり」で有名な武道書。江戸時代中期（1716 年ごろ）に出された肥前国鍋島藩藩士、山本常朝の武士としての心得について見解を田代陣基が筆録した記録。

4.　"The Chrysanthemum and the Sword"「菊と刀」Ruth F. Benedict1946 年刊

　　日本文化を文化類型論の視角から恥の文化としてとらえ、日本人の恩や義理・人情の問題、恥の意識などを分析。

■アルファベット筆記体の書き方

　　ブロック体（活字タイプ）は書けても筆記体で文章を書けない人が多くなってきました。書けないどころか、読むことのできない人も少なくありません。ここでは一番オーソドックスな筆記体での大文字、小文字を練習してみましょう。時代や地方によって筆記体の書き方が様々ですが、ここでは最も一般的なものを参考事例として掲載しました。

　　表中の①の小さな点は起点を表します。②、③の小さな点はペン使いが反転することを意味しています。

【大文字】

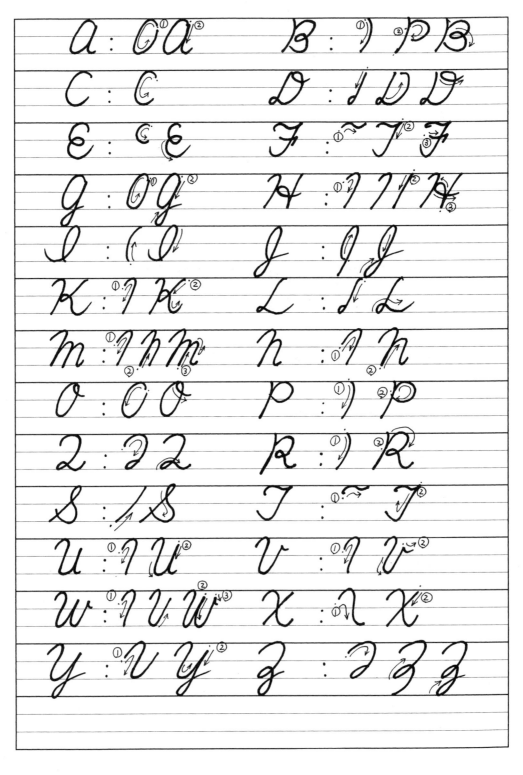

日本に毛筆での書道があるようにヨーロッパには"calligraphy カリグラフィー"というペンによる筆記の作法があります。印刷技術がまだなかった頃に聖書の写本として発展したもので、デザイン的な美しさが特徴です。
パソコンの中にも色々な書体が入っていますのでそれも参考になると思います。

※パソコンで打ち出した参考例

ABCDEFGHIJKLMNOPQRSTUVWXYZ

Abcdefghijklmnopqrstuvwxyz   *abcdefghijklmnopqrstuvwxyz*

【小文字】

abcdefghijklmnopqrstuvwxyz

Karate   panch   kick

Campionship   gold medal

strong   Japan   Tokyo

120

■人体骨格の名称

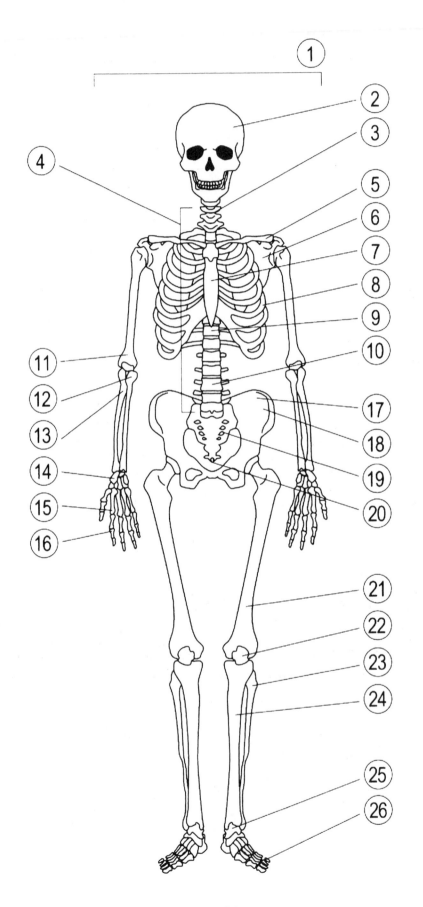

①	bone	ボーン　骨
②	skull	スカル　頭蓋骨
③	cervical vertebra	サービクル　バーテブラ　頚部脊椎
④	spine	スパイン　背骨
⑤	collar bone	カラー　ボーン　鎖骨
⑥	shoulder blade	ショルダー　ブレード　肩甲骨
⑦	breastbone	ブレストボーン　胸骨
⑧	rib	リブ　肋骨
⑨	thoracic vertebra	ソーラシック　バーテブラ　胸椎
⑩	lumbar（vertebra）	ランバー（バーテブラ）　腰椎
⑪	humerus	ヒューマラス　上腕骨
⑫	ulna	アルナ　尺骨
⑬	radius	レイディアス　橈骨（とうこつ）
⑭	carpus	カーパス　手根骨
⑮	metacarpal	メタカープル　中手骨
⑯	phalanx	フェイラングス　指骨
⑰	pelvis	ペルビス　骨盤
⑱	pelvic bone	ペルビック　ボーン　寛骨（かんこつ）
⑲	sacrum	セイクラン　仙骨
⑳	coccyx	カクシクス　尾骨
㉑	femur	フィーマ　大腿骨
㉒	kneecap	ニーキャップ　膝蓋骨（しつがいこつ）
㉓	fibula	フィーブジャラ　腓骨（ひこつ）
㉔	tibia	ティビア　頚骨（けいこつ）
㉕	tarsus	ターサス　足根骨
㉖	metatarsal	メタタースル　中足骨（ちゅうそっこつ）

■人体内臓の名称

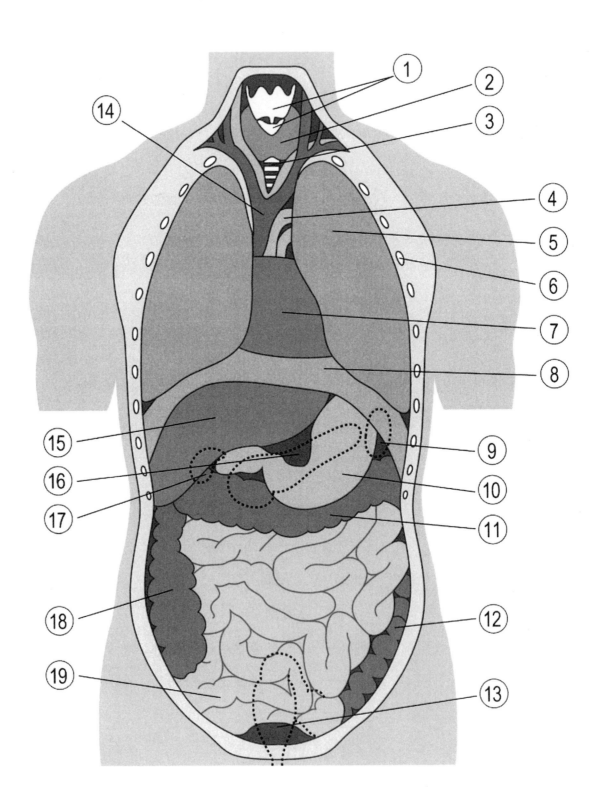

①	咽頭	pharynx　ファリングス
②	甲状腺	thyroid gland　サイアロイド　グランド
③	気管	trachea　トレイキア
④	大動脈弓	aortic arch　エイオーティク　アーチ
⑤	肺	lungs　ラングス
⑥	肋骨	ribs　リブス
⑦	心臓	heart　ハート
⑧	横隔膜	diaphragm　ダイアフラム
⑨	脾臓	spleen　スプリーン
⑩	胃	stomach　スタマック
⑪	横行結腸	transverse colon　トランスバース　コウロン
⑫	下行結腸	descending colon　ディセンディング　コウロン
⑬	膀胱	bladder　ブラダー
⑭	上大動脈	ascending aorta　アセンディング　エイオータ
⑮	肝臓	liver　リバー
⑯	膵臓	pancreas　パンクリアス
⑰	胆嚢	gallbladder　ゴールブラダ
⑱	上行結腸	ascending colon　アセンディング　コウロン
⑲	回腸	ileum　イリアム

おわりに

　2008年11月13～16日の4日間、第19回世界空手道選手権大会が東京・日本武道館で行われた。97ヵ国参加したその大会で、私はその4日間を通して（財）全日本空手道連盟のA級通訳として従事し、最終日の決勝戦が行われたメイン・コートでも通訳を担当した。大会コートの通訳は空手道経験者でなければ務まらない。選手が競技をしている最中、起こった問題に対して、瞬時に対応しなければならないので、空手道競技のルールを熟知していなければ話にならない。選手と審判、主審とドクターの間でのやりとりが勝敗を決定してしまうからだ。その任務は重要で、スピードと英語力が要求される。このような世界大会のメインのコートで通訳として従事できたことを、大変名誉なことだと感じていると共に、このような仕事を与えて下さった（財）全日本空手道連盟の栗原茂夫専務理事に心より感謝している。

　英語とは不思議なもので、なくても普段の生活に何の不便さも感じないが、使えると非常に便利で役に立つ道具である。勉強として考えるから嫌になり、また、大学入試や、学校で点を取るためだけの教科になってしまっているのが人を英語嫌いにする要因であろう。

　しかし、今や英語は世界の共通語になっていて、空手道の世界大会はどこの国で行われようが、会議等はすべて英語で話される。また、どこの国であろうが、世界中いたる所での飛行機と航空管制塔でなされる会話はすべて英語であるということを考えると、英語が国際語であるということは疑いのないことであろう。

　英語だけができる人はいくらでもいる。また空手道だけができる人もいくらでもいる。しかし、「英語」と「空手道」の両方ができる人は非常に少なく、希少価値がある。ここに自分にしかない存在価値というものを見つけ出すことができる。私は益々これからも世界で活躍したいと望んでいる。みなさんもまた、人にはなく自分にしかないという存在価値を追及してみてはどうでしょうか。

　最後に、空手道月刊誌JKFanに2年間「カモン・ジャパン」を連載させて頂いたうえに、それを一冊の本にしたいという私の無理な要求を聞いて下さった㈱チャンプの井出将周社長、年末年始の休日を返上して校正して下さった中地和彦編集長、表紙を担当デザインして下さった編集部の河野洋輔氏、新年早々総掛りで校正して頂いた㈱チャンプのスタッフの皆さん、またこの本全体の監修をして頂いた義心舘舘長・山田治義先生、英文のチェックをして下さった芦屋学園高等学校英語教諭のショーン・マダレナ先生に心から感謝致します。

平成22年1月　著者

第19回世界空手道選手権大会（於・日本武道館）のメイン・コートで通訳をする著者

著者紹介

監修

山田治義　やまだ　はるよし
1938 年　秋田県出身
2006 年より芦屋大学客員教授（日本武道研究）
ウィーンさくら武道科学大学院名誉学長
全日本実業団空手道連盟副会長／西日本実業団空手道連盟会長／尼崎市空手道協会名誉会長／糸東流修交会空手道連合会長／山田派糸東流義心舘舘長／日中文化教育経済関西交流協会顧問／世界30ヵ国に約3万人の弟子を持つ／糸東流修交会空手道連合9段範士／山田派糸東流空手道宗家10段／（財）全日本空手道連盟公認8段範士・元1級資格審査員／柔道5段

著者

大下正孝　おおした　まさたか
1956 年　兵庫県出身
芦屋大学専任講師（臨床教育学部教育学科）／ウィーンさくら武道科学大学院准教授／元芦屋大学附属高校英語科教諭／英語英文学教育修士／1979年より3年半、アメリカで軍隊、大学、高校、私立道場等で空手道指導／1979年カリフォルニア州組手無差別級3位／1981年アラスカ州組手無差別級優勝／1991年第10回全日本実業団空手道大会男子形優勝／2005年フランス糸東流世界大会男子形優勝／日本体育協会公認上級コーチ／（財）全日本空手道連盟公認教士7段、3級資格審査員／糸東流修交会空手道連盟7段師範／居合道4段／剣道3段／日本拳法3段／柔道2段／弓道初心者／合気道初心者

アドバイザー

Sean Romano Maddalena　ショーン　ロマノ　マダレナ
1965 年イギリス・ブリストル出身
1993 年より芦屋学園で英語教師として勤務
2001 年、イギリス　バーミンガム　アストン大学にて理学修士及び、TESOL を修得

■著者プロフィール

大下正孝 （おおした・まさたか）

「空手道との出会い」

　昭和３１年７月１８日生まれ。兵庫県尼崎市出身。小・中学校時代は柔道。高校時代（報徳学園）からは空手道を始めた。高校の空手道部顧問の先生から「空手をやらないか」と誘われたのがきっかけ。当時の空手道は拳サポーターもプロテクターもない「どつきやい（ど突き合い）」で、毎日のように血まみれになっていた。大学でも空手道部に入部し真剣に練習を続け、４年生の時、アメリカ・サンフランシスコで空手道を指導していた先輩がアメリカ人の弟子を連れて一時帰国した時に、「お前もアメリカに来て空手の指導をしないか」と誘いを受けたのがきっかけで、１９７９年に渡米。カリフォルニア州やアラスカ州の軍隊、大学、高校、私立道場で空手道の指導を行った。

「英語との出会い」

　大学ではイスパニア語を専攻していて英語は得意ではなかった私が、アメリカ人に空手道を指導するとなると英語は必須条件、中学校の基礎から勉強をやり直した。渡米して１年後、アラスカ州立大学に編入し、航空学、人類学、哲学、アメリカ歴史、英文法、体育学等を学んだ。英語が好きになった私は、日本で高校教師になるために１９８２年に帰国。大学の英文科に編入学し２８歳で教職免許を取得。高校教師を目指すが７年間教職に恵まれず、日本武道館で行われた、第１０回全日本実業団空手道大会の男子形の部で優勝したのをきっかけに、３６歳で現在の芦屋学園高等学校の英語教師に着任。仕事をしながら大学院を４５歳で修了した。現在は芦屋大学で日本武道を専門に教える専任講師。２０１０年２月より２０１２年の２月までの２年間はオーストリアのウィーンに滞在し、「ウィーン大学」や「ウィーンさくら武道科学大学院」で准教授として日本武道を指導する。

空手道英会話

カモン・ジャパン！

C'mon Japan !

2010 年 2 月 1 日発行　第 1 版　第 1 刷

監　修　　山田治義
著　者　　大下正孝
発　行　　株式会社チャンプ
　　　　　〒166-0003 東京都杉並区高円寺南 4 − 19 − 3
　　　　　　　　　　　　　　　　　　総和第二ビル 2 階
　　　　　　　TEL.03-3315-3190　　FAX.03-3312-8207
　　　　　　　URL　http://www.karatedo.co.jp/champ/

印　刷　　モリモト印刷 株式会社

ISBN978-4-903616-99-5